幸せの小国オランダの子どもが学ぶ

アクティブ・ラーニング プロジェクト法

~自ら考える生きる力の基礎を身につける~

辻井 正 Tsujii Tadashi

Octave

● 目　次 ●

はじめに ――――――――――――――― 3

1、日本の文部科学省が目指す21世紀の教育改革／3
2、これまでの教え方（教授法）が通用しない時代が
　　目の前です／4
3、3割の子どもが学校を去っていくのも現実です／5
4、日本の子どもとオランダの子どもたち／6
5、ピラミーデ開発者カルク博士の教育理念／7

第1章　アクティブ・ラーニングとはどのような教育法なのか ――― 9

1、教え伝える教育から、子どもが自ら学ぶ教育へ／9
2、アクティブ・ラーニングの幼児版は「プロジェクト
　　幼児教育法」です／11
3、教育の市場性（リテラシー）に関心が寄せ始められました／12
4、教科（数、言語、時間概念等）と関連づけられたプロジェクト
　　幼児教育法です／12
5、テーマはプロジェクト幼児教育法展開の重要な道具です／13
6、たとえば、テーマ「3匹のくま」の教育のねらいは
　　「大きい」「小さい」です／14

i

第2章　オランダの子どもたちが学ぶアクティブ・ラーニング　23

1、アクティブ・ラーニング（プロジェクト）を支える
　　4つの理論／23
2、保育者と子どもの多様な愛着形成理論／27
3、プロジェクトを展開する多様な三次元（立体）空間の
　　保育室／30
4、プロジェクトを展開する立体的な保育環境／31
5、プロジェクト幼児教育法はこのような流れで進められます／35

第3章　オランダはなぜプロジェクト幼児教育法を開発したのか？　39

1、"落ちこぼれ"への抵抗─オランダの教育改革─／39
2、Cito（旧オランダ王立教育評価機構）が開発したメソッド／40
3、オールタナティブ（もう一つの選択）教育と
　　アクティブ・ラーニング／41
4、最大の改革は、一斉型保育・教育から個別の発達保障へ／44
5、20世紀の心理学理論を多様に取り入れたピラミーデ
　　（プロジェクト幼児教育法）／45
6、オランダの園長先生が信頼を寄せるメソッド／45

第4章　子どもが安心して自己表現のできる保育環境と保育実践　49

1、安心して遊べるように小さなコーナーに分ける／49
2、アクティブ・ラーニングの保育室をデザインする／52

3、子どもをプロジェクト活動に引き込む工夫／55
　　4、プロジェクト遊びを展開させる保育の実践例／60

第5章｜小学校との連帯を視野に入れた　　　　63
　　　　プロジェクト活動
　　1、「テーマ」から健康・人間関係・環境・言葉・表現を教える
　　　　幼児教育法／63
　　2、具体的なテーマ展開の実例を説明します
　　　　（ドイツのKITA「全日制保育園」）／66

第6章｜アクティブ・ラーニングの　　　　　　71
　　　　対話的読み聞かせ
　　1、テレビ脳の怖さ／71
　　2、子どもの耳を育てた伝統的「語り聞かせ」／72
　　3、アクティブ・ラーニングの対話的読み聞かせ／73
　　4、ゲルトの動的心理学理論の4つの段階を踏んで、
　　　　読み聞かせが進められます／74

第7章｜ドイツ イエナプラン　　　　　　　　81
　　1、ドイツの古都イエナ／81
　　2、子どもが広い視野を獲得するイエナプラン／81
　　3、プロジェクト週間（Projectwoche）／83

あとがき　　　　　　　　　　　　　　　　　　105

幸せの小国オランダの子どもが学ぶ
アクティブ・ラーニング プロジェクト法
～自ら考える生きる力の基礎を身につける～

　子どもが自ら学ぶアクティブ・ラーニングの一つであるプロジェクト幼児教育法は、Cito（旧オランダ王立教育評価機構）がオランダ政府の依頼で開発した21世紀の幼児教育法です。子どもが自ら学び自ら探索する新しい学び方は、オランダ（アムステルダム大学）・ドイツ（コブレンツ大学）・アメリカ（ジョージア州立大学）で検証された質の高い幼児教育と評価されています。

はじめに

● ● ●

1、日本の文部科学省が目指す21世紀の教育改革

　教科の枠を越えて学校教育の重点を「何を教えるか」から「何ができるようになるか」に、日本の教育を転換するアクティブ・ラーニング（プロジェクト幼児教育法）が文部科学省で検討され始めています（下村博文文部科学大臣〈当時〉が2014年11月20日、中央教育審議会に学習指導要領の改訂を諮問）。そこでは、これまでの知識蓄積型の教科主導から、子どもの関心事や体験したことからの「新しい教科書を発行したうえで、小学校は2020（平成32）年度から」順次、高等学校まで進めると発表しています。さらに、「基礎・基本となる知識を軽視しているわけではありません。しかし、すべてを教え込むだけでは、社会で生きて働く力にはならないという考え方も込められています。アクティブ・ラーニング（プロジェクト）で学習課題に取り組んでいくうちに、逆にしっかりと知識が定着し、活用も自在に行えるようになるということです。テスト直前になって必死に覚えるといった勉強の仕方は、大学入試改革と相まって、大きな転換を迫られ、我が国の教育全体の大改革につながる」（下村文部科学大臣〈当時〉の諮問理由を代読した丹羽秀樹副大臣〈当時〉）と明言されています。

2、これまでの教え方（教授法）が通用しない時代が目の前です

　子どもが自ら学ぶアクティブ・ラーニングは、具体的な保育素材を豊富に使って、子どもが心に描いていること、考えていることを再構成させながら認識力を養うものです。

　これまでの知識の概念、たとえば年代ごとの出来事、国々の首都名、外国語理解等を知識豊かな教師や保育者が、知識の未熟な子どもたちに知識を与える教授法は、すでにコンピューターが行っています。教師や保育者から教えられることの限界は、子どもは、教師や保育者が知っている範囲のみの知識しか獲得できないことです。ロシアのヴィゴッキーが指摘した、「教育とは今ある（現在）子どもを、明日（未来）の子どもに連れて行く」を逆走しているようなものです。オランダのプロジェクト幼児教育法開発者のカルクは、「主として保育者に指導され、学校は子どもの自己抑制能力を育てることに力を注ぐゆえに、子どもたちに限られた機会を与えるだけで、子どもたちの必要性および興味を満たさないために、日頃の活動が子どもたちの内的動機づけを引き出さないことがあります」（辻井正訳）と述べています。

　明治の日本から世界的な先進国に育て上げた功績は、日本の学校教育にあると思います。しかし、その優れた日本の学校にも、制度的疲労が露出していることは誰しもが認めることですが、なかなか変えられないのも現実です。学校で"賢い子ども"とは、「察しがよい」「人の話をよく聞く」「気がつく」「分をわきまえている」「謙虚」、また最近は、時には「空気を読む」などという日本独特の能力観が優先され、その次に、「理解力がある」「学校の成績がよい」「知識が豊富」と評価されています。

はじめに

3、3割の子どもが学校を去っていくのも現実です

　中学から大学院までの学校教育の道のりで、3割の子どもたちが学校を去っていくという調査があります（宮本みち子著『若者が無縁化する』ちくま新書、2012年）。高度な教育大国日本の現実とは思えない統計ですが、厚生労働省が推計する働かない若者（働けない、はじき出される若者）60万人という数字からも、学校を去った若者の実態が見えます。大学生の退学が多いのですが、なぜ、せっかく入学したのに退めていくのか、それは、人と話をするのが下手、不器用、計算が苦手だからだといいます。また、若者意識調査によれば、「頑張らずに良い結果を出すほうがかっこいい」「何も考えず行動するほうがかっこいい」「挫折しかけた道でさらに努力するのは見苦しい」と考える彼らの人生観は、人生は努力よりも生まれながらの素質や親の収入で決まるという現代版宿命論です。

　"勝ち組"として有名大学を卒業した彼らがたどるサラリーマン人生の本音とは、上場企業（一流会社）に勤める日本人サラリーマンとアメリカのサラリーマンの本音を尋ねた意識調査によると、「今の会社に勤め続けたいですか？」との質問に対して、アメリカ人の80％が働き続けたい、日本人の80％以上が勤めたくない、というものでした。「知り合いがあなたの会社に就職したいといったとき」、アメリカ人は是非とも勧めるが80％で、日本人は勧めたくないが80％以上です。「入社する前に会社の内容を知っていたなら入社しましたか」に対しては、アメリカ人80％が入社した、日本人80％以上は入社しなかった、と答えています。アメリカの大学が行った信頼性のある調査です（小池和男著『日本産業社会の「神話」』日本経済新聞出版社、2009年）。

4、日本の子どもとオランダの子どもたち

　最近の週刊誌が思春期の子どもを持つ親を引きつけるおいしい話は、「親子で乗り切る大学受験」「子どもの婚活は親の出番です」「息子を一流大学に入学させた母親」と、母親の顔写真ともども店頭に並んでベストセラー？　しかし、以下は2014年度の「子ども白書」の報告です。「自分自身に満足している」と回答した人は、日本は45.8％で、71.5〜86.0％だった４か国（日本、アメリカ、中国、韓国）を下回っています。「自分には長所がある」「40歳になったときに幸せになっている」と答えた割合も、日本は７か国中で最低でした。「自分に満足している。自分が好きだ。次の週がくるのが楽しみだ」と答える子どもは、小学校低学年で「ほとんどない」と答える子が圧倒的に少ない現状です。実業高校では３分の１が自尊感情ゼロでした（古荘純一著『日本の子どもの自尊感情はなぜ低いのか』光文社、2009年）。

　ユネスコによる先進諸国の15歳児の幸せ度調査は過去２回行われていますが、２回ともオランダの子どもの肯定的な答えから、小国（オランダ）の子どもは世界で一番幸せだと評価されています。その秘密の一つはオランダの教育方法で、子どもたちは15歳になるとCito（シト）テストを受けます（Citoは旧オランダ王立教育評価機構と呼ばれ、オランダのすべての子どもはCitoが行うテストを基準に将来のコースを決めます。Citoと私どものNPO法人国際臨床保育研究所は、ピラミーデ〈ピラミッド・メソッド〉幼児教育法のライセンス契約を結んでいます）。テスト結果により、中学から社会に出て働く、専門的な高等教育に進学する、大学進学のための高等教育に進むコースを、子どもと保護者と教師の三者で決めます（コースを変更する柔軟性は保障されていますが、高等教育進学者30％、大学進学者が10％台です）。人生（知識）を学ぶよりも、人生の生き方（リテラシー）を教えるオランダの教育は、アクティブ・ラーニングの一

方法であるプロジェクト幼児教育法が主流です。

5、ピラミーデ開発者カルク博士の教育理念

　ピラミーデ開発者カルクの言葉を借りれば、オランダの保育・教育の基本は、「子どもの自己選択で始まり、自己解決を目指すのが本来の教育である。ただし子どもの自由勝手にさせるのではなく、教師は子どもをサポートしなければならない。だが、主体はあくまでも子どもであり、教師はあくまでもサポーターに過ぎないのだ」。この「自己選択」や「自己解決」の能力が、いわゆる「人間力」の基礎となることをオランダは教育理念として掲げています。

　アメリカの幼児教育者７万人が購読する雑誌「Young Children」（NAEYC発行、2014年３月）にピラミーデ（プロジェクト幼児教育法）の特集が組まれました。次のように述べられています。

　「アメリカの先生たちは、これまで、幼児期から社会的な出来事や環境に関心を持たせることに意欲を持っていました。しかし、実際の調査では、多くの保育環境の現状は、学習的な関心を引き出すことが少なく、先生方も積極的に社会的な関心を持たせる態度に欠けています。ピラミーデはシンプルに子どもの意欲に訴えます。たとえば、決まった絵や文章を一定のパターンにして子どもの理解を誘います。先生も子どもの自主的な意欲を引き出すための支援を行います」。

　カルクも、乳幼児クラスにおける、保育者の子どもへの意図的な関わり方が少ないこと、子どもに知的な関心を持たせる機会を充分に与えていないと指摘しています。保育者は子どもに人生の長期の時間の中でものの考え方を教えることで、子どもの知的な活動が広まり深まるといいます。カルクは、すでに十数年前にプロジェクト幼児教育法（カルク発表2001、2003、2009年）を、オランダで暮らす多数の移民家族の３〜５歳の子どもに対して行っています。そこでは、移民家族の子

乳児の遊びにも知的な刺激を与える工夫がなされています。

どもたちが確実に理解するまで繰り返し個別指導が行われ、子どもが充分に納得するまで、わかりやすい教具を使って支援します。このように、早期の教育的なチャレンジと支援の必要性を述べ、すべてのオランダの子どもたちが等しく、ピラミーデを受け入れられるカリキュラムとしてプロジェクト幼児教育法を完成させました。

　遊びと学びの活動から充分に恩恵を受けるために、子どもたちに安心して遊びの環境が用意されていることが大切です。これはすべてのカリキュラムのアプローチにとって重要です。子どもたちが安全に感じるように、物理的および社会的に保育環境を構築する必要があります。「子どもたちが不安に感じる環境においては、彼らのエネルギーは自己防衛に費やされ、彼らは新しい体験を受け入れようとしません」(Bowlby, 1969, Erickson, Srouffe & Egeland, 1985)。「否定的な感情は、子どもたちの遊びと学びの活動を破壊する危険性があります」(Van Geert & Steenbeek, 2005) と、カルクは何度も語ります。

第1章

アクティブ・ラーニングとは
どのような教育法なのか

● ● ●

1、教え伝える教育から、子どもが自ら学ぶ教育へ

　先生が黒板の前に立ち、子どもたちは一斉に先生と対面するような姿勢で話を聞いています。教えるとは、保育・教育するとは、知識豊かな指導者（保育者・教師）が、知識の未熟な子どもに、指導者の獲得した知識を「伝えること」でした。一言でいえば、先生が持っている知識を、子どもの頭の中に移し替える作業です。それゆえに、子どもは受身的に知識を吸収するだけでなくて、先生の持っている知識を超えることができません。

　次頁の絵はイギリスの17～18世紀、産業革命時代の小学校の授業風景です。100人近い子どもが先生の話を聞いています。産業革命時代が必要とした知識は、同じ内容の知識や技能を多くの労働者に共有することで工場の機械を動かすことができたのです。同じ内容の知識や技能を一斉に教えることで、産業労働者を養成する一斉教育が始まりました。

　オランダのアーネムで行われた国際幼児教育会議で、以下のような発言が飛び出しました。

　「保育がこれほど複雑になってきた今日、従来の保育の勉強だけでは到底対応できない時代。それゆえに、これからはPedagogy（ペダ

産業革命時代の小学校の授業風景（インターネットより）

ゴギー）と呼ばれる「保育方法論」が必要です」。

　Pedagogy の語源はギリシャ語で「子どもを導く」という意味だそうですが、現代の Education（教育）のように、教える、伝達する教育とは異なり、幅広い社会的な知識を体験的に展開できる、アクティブ・ラーニングの技法を持った幼児教育者（保育者）の養成が急務です。

　現在、アクティブ・ラーニングと呼ばれる教育法は次のように分類されています。

1、先生が話したことをノートに取り、その記憶量（理解力）をテストやレポートで確かめる方法で、小学校や中学校で行われている授業です。
2、先生の話を基本にして子どもも授業に参加する形式で、子ども同士の議論、体験、そして発表することで言語能力を高めます。
3、先生が学びの道筋（カリキュラム）をつけ、子どもたちが共同学習方式で探索や体験を行い、課題を解決する方法ですが、現場では次のようなさまざまな方法が取られています。

　・共同学習型
　・体験学習型

・総合的な学習の時間型
・プロジェクト型

　アクティブ・ラーニングを積極的に取り入れる努力は大学の授業で行われていますが、大半の学生は大学に入学するために、典型的な受身型の授業で育っています。ですから、アクティブ・ラーニングは幼児期の段階から身につける必要があります。

2、アクティブ・ラーニングの幼児版は「プロジェクト幼児教育法」です

　アクティブ・ラーニングの幼児版として、保育現場で行われているのがプロジェクト幼児教育法です。プロジェクト幼児教育法は12か月のテーマを準備し、そのテーマに沿って保育が展開されます。子どもが受身的に知識や人間関係を学ぶのではなくて、積極的に自ら探索し、自ら学ぼうとする意欲を育てるのがプロジェクト幼児教育法の目的です。プロジェクト幼児教育法は、ドイツのイエナプラン、イタリアやアメリカのレッジオ・エミリア幼児教育、スウェーデンのEdu-Care（養護と教育）、そしてオランダのピラミーデが積極的に取り入れられています。

　日本の伝統的な幼児教育（保育）は、系統的に多くの知識を一斉に伝達する知識蓄積型教育法です（アジアの経済発展の目覚ましい国々も同様な方法です）。それに対して西欧では、系統的な知識や教科（読み・書き・計算）を教える前に、子どもの現実的な関心事からテーマを引き出して、子どもの生活環境全体からテーマを展開することで、子どもが自ら探索して解決法を探るプロジェクト幼児教育法が主流です。それぞれの国の文化的な違いから教育法も異なってくるのですが、明治百数十年にして西欧文化と科学を身につけた日本的奇跡の秘密は、一斉型教育法だと信じられ、現在の発展途上国のモデルになっています。しかし、日本的奇跡も各分野でほころび始め、とくに教育分野におけ

る学ぶ意欲の低下や学級崩壊、小1プロブレムと難問が山積みです。

3、教育の市場性（リテラシー）に関心が寄せ始められました

　近年、プロジェクト幼児教育法が注目を浴びている理由の一つに、OECD（国際経済協力開発機構）によるPISA（生きる力と技能テスト）、通称、国際学習到達度調査が先進諸国のみならず、発展途上国においても受け入れ始められたことがあります。PISAテストが「生きる力」を試しているといわれる理由は、従来のIQテストや学力コンクール的な能力競争ではなくて、子どもが身につけた知識が、現実にどれだけ応用できるかを試すものであるからです。身につけた教育力が、生活の中でどれだけ役に立っているのか、言い換えれば教育の市場性テストです。教育の市場性（役立っている指標）という言葉は、教師や教育学者から非難を受けやすく、伝統的に日本の教育界を被っている教育論は子どもの気持ちの尊重や学ぶ意味を考える精神論が中心で、教育が現実生活で役に立っている目安論は嫌われてきました。しかし、教育というのは、現実社会で生きていくための道具（手段）であって、教育を受けるために生きているのではありません。受験一辺倒の中で、親も教師も教育で苦労してきた歴史を背負ってきたがゆえに、心理的反動として、教育を単純化して論じる傾向があります。

4、教科（数、言語、時間概念等）と関連づけられたプロジェクト幼児教育法です

　オランダの子どもの学力（PISA）は世界の高レベル層の成績を残していますが、その秘密はプロジェクト幼児教育法にあるといわれています。1970年代頃からオランダには多数の移民家庭の子どもが保育園や幼稚園に通い始めました。オランダ語が不自由な移民家庭の子どもたちは、先生から質問されるといつも「はい、はい」とうなずくこと

に保育者や教師は気づき始め、クラスのお客様的な子どもの増加につれて、個別指導の必要性を実感し始めました。その結果、一斉型の保育と個別対応の保育を取り入れたプロジェクト幼児教育法の研究が進みました。一言でいえば、プロジェクト幼児教育法とは、平素の保育活動の流れの中で、特定の時間に特定のカリキュラムを取り入れる方法です。「各プロジェクト活動のテーマは、約1か月続き、そしてすべての発達領域が計画に組み入れられます。たとえば、スーパーマーケットを中心に構築されるテーマは、自然と数式展開へのチャンスであり、私たちが着用する服を中心に作り上げられるテーマは、言語概念を含む活動に役立ちます。祭りは時間概念を検討することを助長し、そしてお祝いは、感情的、社会的概念への扉を開きます」と、カルクは教科（数、言語、時間概念等）との関係も強調しています。

5、テーマはプロジェクト幼児教育法展開の重要な道具です

　保育者は平素の通常保育の流れの中で、子どもが最も興味を持っている事柄や子ども間で話される会話の内容等から、プロジェクト幼児教育法の主題であるテーマを引き出します。年間の発達領域（教育のねらい）は、保育者が子どもを導きたいと思っている保育の軌跡（カリキュラム）であり、園全体としての年間カリキュラムは園の教育（保育）理念ですが、それらのカリキュラムを展開する道具として、テーマが必要です。子どもが興味を持っていることから展開するためには、日ごろの子どもの遊びを観察し、子どもの会話に耳を傾け、質問をすることで、子どもの興味の情報を集め、子どもたちの先行経験（体験していること）や理解力を知っておく必要があります。大まかなテーマが決まると発達領域との関係を明確にして、展開方法やプロジェクト活動を行う場所、規模、素材等の検討を行い、子どもの興味と保育者が子どもを導きたい方向のバランスの取れたWeb（くもの巣）を作図

保育室の正面出入り口を3匹のくまちゃんの小さな家の玄関に変えます。本物の枝を使って森の風合いを作り、「3匹のくまちゃんの家」という看板も作ります。

します。

　平素の保育活動の中でテーマに関する遊びや情報を手に入れた子どもたちは、平素の保育活動の包括的なまとめとして、お店屋さんごっこ、ファッションショー（劇）、アメリカ旅行等のお祭り的なイベントや作品づくりを行うことで、プロジェクトで学んだことを言語化、抽象化、作品化させます。

6、たとえば、テーマ「3匹のくま」の教育のねらいは「大きい、小さい」です

　3歳児クラスの子どもたちに「3匹のくま」というテーマを与え、発達領域（教育のねらい）は「大きい、小さい」の概念形成に焦点を当てます。それゆえに、保育室には大きい、小さいがわかるような素材を準備します。

　「保育室のままごとコーナーに3匹のくまの家を作りました。お父さんぐま、お母さんぐま、赤ちゃんぐまの人形を用意し、食器や調理器具、材料などもそれぞれ3匹に合った3種類の大きさ、大・中・小

第1章　アクティブ・ラーニングとはどのような教育法なのか

保育室の入り口には、今月のテーマがわかりやすく展示されています。

家庭的な感じを出すのに、植木鉢や踏み石が玄関前の階段に置かれています。保育室の思いがけないところに3匹のくまがいます。子どもの興味を引きつけます。

を揃えました。いつもと違うままごとコーナーに最初は「何？　ここ」とびっくりした子どもたちでしたが、絵本を読みプロジェクト活動を進めていくと3匹のくまの世話をし始め、人形や椅子、ベッドを使って、"椅子に座ったから次はベッドやな"と子どもたち同士で物語を思い出しながら進めていくようになりました」(3歳児担任)。

発見コーナーには、さまざまな素材が用意されます。

子どもがテーマに関心を持つように、写真のように工夫を凝らしました。

● 「発見コーナー」にプロジェクト展開の素材を集めます

プロジェクト活動の展開で使うための、さまざまな小道具や保育素材が集められている場所を「発見コーナー」と呼んでいます。発見コーナーは子どもたちの興味・関心に火をつけ、新しいプロジェクト活動に向けて好奇心を刺激します。

子どもたちが探索できるように、発見コーナーにさまざまな大きさの素材を置きます。くまさん、数をかぞえるおもちゃ、異なった大きさのボール、大きさの違う人形、積み木、2種類の大きさの似ている品物、多様な大きさのビーズと積み木などを追加します。素材を順序づけて分類するための容器も用意します。3匹のくまちゃんのお話の登場人物を貼り付けたフランネルボードと、紙皿で作った簡単なお面も用意します。

● 互いの情報を交換する「コミュニティコーナー」を立ち上げます

クラス内で子どもたちが共同して学び、問題を解決することができ

第1章　アクティブ・ラーニングとはどのような教育法なのか

粘土でお椀を作っています。

るようにコミュニティコーナーを設定します。プロジェクトは同じテーマを3年間の長期にわたり継続していく中で、子どもたちがそれぞれの発達段階で、さまざまな子どもたちと一緒にそのプロジェクト活動に取り組むことができるようにします。プロジェクト活動を終了する時には、クラス全体で成果を共有してお祝いします（注：プロジェクト幼児教育法の特色は同じテーマが3年間継続されることですが、テーマの中身は質的に変化させながらの展開です）。

● 子どもの興味を引きつける「不思議なコーナー」を設定します

くまちゃんのお椀と呼ばれ、ビニールのテーブルクロスでお椀が見えないようにテーブルを被います。プロジェクトの進行とともに、粘土で作られた小さいお椀から始めて、次第に大きなお椀に変化したものが、テーブルクロスの中に出来上がっていきます（注：子どもたちが毎日、お椀を大きくできるように粘土が置かれています）。

● 4つの段階の教え方が子どもの理解を飛躍的に伸ばします

プロジェクト幼児教育法は次のように4週間かけて、4つの段階の展開を経て、子どもの理解を現実的なものから抽象的なものへと導き

大・中・小のくまが準備されています。

大きいボールと小さいボールを使って、サイズによって分類することや模様を作ることも練習します。

ます。

①第1週：**具体的に説明してあげる～何をして遊ぶのか？　目標をはっきりさせる～**

　子どもたちがよく知っている、大きさの考え方に関係のある楽しい活動を通して、身近な目に見えるもので遊びます。子どもたちはすでに知っている『おおきい　ちいさい』の絵本の中の、大きさと小ささの考え方を、大きい動物と小さい動物のパントマイムを通して復習し

第1章　アクティブ・ラーニングとはどのような教育法なのか

どちらの絵本が大きい、小さいと比べています。

ます。また、子どもたちは、3匹のくまちゃんの大きさに関係のある問いかけに答えます。

　「普段から使っている身近な物を使って進めていきました。絵本の大・小を用意し、「どっちが大きいと思う？」の問いかけに、「こっちが大きいに決まってるやん」と普段から使っているものは簡単に答えることができました。比べていくうちに一人の子が、「先生、こんなんもあるで」と普段遊んでいる玩具を持ってきて皆に見せます。「どっちが大きい？」とみんなに聞きました。すると、「ん〜、こっちのほうが大きい」と大きさのクイズに答えていました。次は部屋の中で大きい、小さいもの探しをして遊びました。子どもたちは自分より大きいものを「大きい」と考え、机やテーブルを「先生、大いの見つけた」と教えてくれました」（3歳児担任）。

②**第2週：具体的に体験させる〜明確な実例を見せて、感覚的な体験をさせる〜**

　新しい学びを具体的な活動とともに、子どもたちの身近なことから始めます。子どもたちに、小さい、中ぐらい、大きいという新しい大きさの考え方を紹介するのに、3匹のくまちゃんのお話を使います。

赤ちゃんぐまに洋服を選びながら、「大き過ぎる」と「小さ過ぎる」という概念も探ります。子どもたちは、大きさを基にして、日用品を分類して一致させます。

「部屋には3匹のくまに出てくる大・中・小の3匹のくまと3種類の大きさのベッド・椅子等を用意して置いておきました。ままごとコーナーで遊んでいる様子を見ていると、それぞれに合った椅子やベッドの大きさを見つけるために、一つひとつのベッドに人形を寝かせています。「赤ちゃんやから小さいのやな」とサイズに合ったものを見つけられる子どももおれば、無理やりお母さんぐまを小さい椅子に座らせている子どももいて、各個人で大きさの認識の理解が違うことに気づかされました。そこで保育者も一緒に遊びの中に入り、「あれ？ 小さ過ぎない？ お父さんはどのベッドがいい？」と聞いてみると、「大きいベッド」と答えられるものの、大きいベッドがどれかわかっていない様子だったので「どうしたらいいんやろ？」と聞くと、「比べてみたらいいんちゃう？」と意見が出たので、ベッドを並べて比べてみることにしました。そうするとわからなかった子も、「これが大きかった」とお父さんのベッドを見つけることができました」（3歳児担任）。

③第3週：視野を広げてあげる〜同じところと違うところを見つけさせ、体験を言葉にさせる〜

子どもたちの学びが広がります。子どもたちが新しい学びを、すで

に知っている考え方に結びつけ、関連のある特徴を調べることで抽象的な理解を始めます。子どもたちが、保育室の中からくまさんより大きい物や小さい物を見つける大きさ探しを続けることで、この週の学習を始めます。子どもたちは、「大きい」「より大きい」「一番大きい」ということを決めるのに、くまさんを相対的な大きさによって比較します。

　品物も、小さい物から大きい物へと順に並べます。子どもたちは、家から自分のぬいぐるみを持ってきて、共同で使い、相対的な大きさを比較します。子どもたちが、一番小さい物から一番大きい物へと順に並べることの手助けとして、保育室のボールも分類します。この週は子どもたちに、身長の順に並んでもらうことで終わります！

　「日用品で大きさも比べて分類してみることにしました。同じスプーンでも大きさの違うものを用意し、床に大小の四角のマスキングテープを使い分類しました。一人ひとり分類していくことによって大きい・小さいを理解している子どもは簡単に分類でき、物が変わると大きさがわからなくなってしまう子どもの差がはっきりわかりました。分類した後で、どうして赤ちゃんは小さいものを使うのか、お父さんはどうして大きいものなのかについて話し合いました。「体が大きいから大きいもの使うねん」「赤ちゃんは小さいから大きいの持たれへん」「家でもお父さんは大きいの使ってるで」といろんな答えが返ってきました。理解が難しかった子もみんなの話を聞き、家での様子を思い浮かべることで理解する子もいました」（3歳児担任）。

④**第4週：理解を深め抽象的な理解に誘う～他の経験と比べさせる。イメージで表現させる～**

　新しいさまざまな方法で子どもたちの学びを応用するために、問題解決や抽象的な表現を使用するよう、子どもたちに挑戦させることを

大きい小さいを体を使って表現する。　　具体的に比べて大きい小さいを知る。

　意図して設定します。子どもたちは、大きさや長さを調べるために、相対的な大きさの概念を使って問題を解決します。また、子どもたちは、3匹のくまちゃんのお話を劇的に表現して、お話の中の大きさの概念を再表現します。異なった種類の素材を使いながら、子どもたちは、多様な特質を使って分類し、素材を順に並べます。

　子どもたちは、さまざまな素材を利用して、大きさや長さに関係のある問題を解決します。親指姫のお話を読んで、その後、具体的ではない抽象的な質問に答えて、大きさに関係のあるなぞなぞも解きます。

　「大中小の大きさだけではなく、5つほどの個数を小さいものから大きいものに並べていきます。積み木は順番に比べていくことで簡単にできました。箱でも小さいものから大きいものの順番に並べていきましたが、すべて同じ箱で統一できていなかったため、奥行き、深さ、高さ、幅などが違うので比べにくくなり、反省する点でした。難しくなってしまいましたが、子どもたち同士でどうしたらわかるか話し合いました。「重ねたらわかるんちゃう？？」「高さを比べたら？」と物を比べながら話し合う中で、下を揃えることで大きさを比べることになりました。「あっ、こっちのほうが大きかった」「じゃあこの箱はこっちやな」と移動させていき、順番に並べることができました」（3歳児担任。社会福祉法人　大阪婦人ホーム　子ロバ保育園実践記録より）。

第2章

オランダの子どもたちが学ぶ
アクティブ・ラーニング

● ● ●

　2007年と2013年にユニセフが発表した調査によると、オランダの15歳の子どもたちの Well-Being（幸せ度）は、教育や福祉の程度が高いことで知られる北欧諸国をも抑え、先進21か国中、堂々第1位という好成績でした。オランダの子どもたちの高い幸福感の裏には、充実した福祉制度のおかげで、人々の貧富の格差が小さく、貧困家庭でも最低限の生活が保障されていること、「ワークシェアリング」（正規もパートも時間当たりの賃金が原則同一）の制度によって、パートタイムの仕事でも収入や社会保障が比較的安定しており、保護者がゆっくりと安心して育児に関われること、とくに4歳から高校を卒業するまでの教育費は国家によって保障されていることです。当然、私立の教育機関へも公立同様の補助金が出る恵まれた教育環境です。

1、アクティブ・ラーニング（プロジェクト）を支える 4つの理論

　アクティブ・ラーニング（プロジェクト）は、ピラミーデと呼ばれる教育学・心理学理論で構築されています。ピラミーデの名前の由来は、巨大なピラミッド構造物です。ピラミッドは4つの基礎石で支えられているという発想から、ピラミーデ理論開発者カルクは、幼児教育の基礎を4つの理論で構築しています。子どもが自主的に遊ぶためには準備された環境が必要と考える「子どもの自律性理論」と、その自主

アクティブ・ラーニングの特色は、サークル状になって互いに顔を見ながら、先生の身近な場所に子どもを座らせることで、子どもは先生との愛着を深め、何をするのかを理解することにあります。

的な遊びを支援する「保育者の積極的な関わり理論」が向かい合います。そして、子どもとのきずなを強めるための「心理的な愛着形成理論」と、子どもの自立心を養う「心理的な距離感理論」の４つから成り立っています。

●１つ目「子どもの自律性理論」

　子どもが自主的に遊ぶためには、保育環境が安心して遊べること、子どもが情緒的に守られていることです。子どもの情緒的な安定感は、子どもの探索意欲や積極性に大きく影響すると専門家は言います。いつも変化しない保育室で遊びの継続性が守られる中で、子どもは自ら遊び始めます。

●２つ目「保育者の積極的な関わり理論」

　子どもの自主的な遊びは大切ですが、しばしば子どもは同じことだけを繰り返し、新しいことや自信のないことには取り組みません。それゆえに保育者の支援が必要ですが、保育者が行う支援は、まねをさ

第2章　オランダの子どもたちが学ぶアクティブ・ラーニング

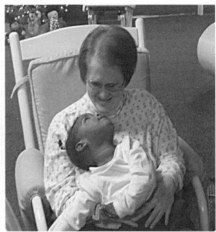

愛着形成：アメリカのアトランタピラミーデ保育園にて。

せて教えることではなくて、まず、それぞれの子どもが持っている適切な発達水準に到達させることです。揃って80点という目標ではなくて、一人ひとりの子どもの発達を保障するための支援です。それゆえに、遊びが準備されていること、一人ではなくて共同的に学べる場所（遊びと学びコーナー）も必要です。

● 3つ目「心理的な愛着形成理論」

　登園してきた乳児におしゃぶりをくわえさせ、10分間ごとの唾液から、そこに含まれるコルチゾール（副腎皮質ホルモン）の量を調べた結果、子どもは毎日登園してくる保育園であっても不安感を抱いているものであると、ドイツのケルン大学精神科医アネッテ教授は言います。これらの不安感は、これまで説明されていた母親と分離される不安感ではなくて、家庭から保育園という場の「移行」に伴うものだと説明しています。子どもが家庭という「場」から、保育という「場」の移行に不安感を抱くのは、家庭環境の中で築かれた愛着は、保育の場では通用しないからです。たとえば、家庭での子どもの行動と保育園で

So, how do Pyramid principles work with Infant and Toddlers (Klaus and Wendy Kelly より：アメリカ Cito 提供)。

の子どもは全く異なるし、家庭で子どもが親に求めるのは心理的な依存（甘え、寂しい、抱っこ）であり、保育園で保育者に求めるのは心理的な関係（悪さをされる、遊んでくれない）です。それゆえに、改めて、保育者と子どもは保育という「場」での愛着形成が必要となります。母子間の密着型の愛着から、心理的な距離感のある保育者との多様な愛着という意味です。

● 4つ目「心理的な距離感理論」

　子どもは受け入れられている安心感から、自ら探り、学び始めるのですが、次第に現実的な目に見える事柄から、まだ起こっていないこと、目の前にない事柄を理解する抽象的な考え方を求めるようになります。保育室に遊びが準備されていること、視覚的に遊び方や遊びの流れが示されている環境が必要です。

第2章　オランダの子どもたちが学ぶアクティブ・ラーニング

ドイツ19世紀頃の家庭での子育ての光景。多産多死の時代、子どもは、現代の子ども観とは異なった存在だったと考えられています（絵で見るドイツ幼児教育の150年　幼稚園の図像集『絵で見る幼児教育の歴史』ブラザー・ジョルダン社、1999年より）。

2、保育者と子どもの多様な愛着形成理論

●母子間の単一の愛着から、保育者と子どもの多様な愛着形成へ

　日本に限らず欧米においても、伝統的な子育て理論は「母性愛」を根拠にしています。ヨーロッパでは、母親たちが我が子を育てるのではなくて、他人に子育てを任せていた時代がありました（エリザベート・バダンテール著、鈴木晶訳『母性という神話』ちくま学芸文庫、1998年）。その結果、乳児死亡率が高く国力の低下を恐れた時代の為政者たちは、母親が子どもを育てるべきだという啓蒙書を多く出版するとともに、キリスト教のマリア信仰を普及させ、「母性愛」を強固に確立したと考えられています。それに対して日本では、農耕民族的な風土の影響から、自然的な、母性愛的受け入れが一般的な子育て観の土台でした。

　子どもを集団で世話をする制度的な保育システム（ヨーロッパでは1800年代、日本では明治9年〈1876〉日本初の幼稚園、東京女子師範学校〈現お茶の水女子大学〉に付属幼稚園ができた。）の設立とともに、保育の考え方

登園した子どもたちに、今日は何をして遊ぶのか具体的に、視覚的に遊びが説明されます。オランダ。

に「母性愛」が取り入れられ、保育という集団においても家庭と同じような母性愛的な世話が求められました。しかし、近年は家庭で育つ子どもと保育園で育つ子どもの研究が進み、子どもが家庭で母親に求める愛着と、保育園で保育者に求める愛着の違いもわかってきました。さらに、保育園で育つ子どもは、集団における多様な関係、遊べる遊具やおもちゃの豊富さ、空間の大きさ、保育者が積極的に与える情緒的・社会的支援の有効性が理解され、先進諸国の多くが乳児期からの保育を充実させています。アクティブ・ラーニングの心理的な愛着形成(Psychological nearness)は、保育者と子どもの愛着を意味しています。

●保育室の習慣や規則がわかりやすく伝えられます

　アクティブ・ラーニング（プロジェクト幼児教育法）は子どもの入園や進級に特別な配慮が払われます。その理由は、子どもの場の「移行」における不安感を軽減させるためです。母子間の分離不安よりも、家庭の仕組みから保育園の仕組みへの移行に、子どもは強い不安感を抱いていることがわかってきました。登園時の母親の子どもに対する接し方よりも、保育の方法（仕組み）が重要です。乳児室の環境、登園

第2章　オランダの子どもたちが学ぶアクティブ・ラーニング

1日の保育の流れや遊びのコーナーを視覚化することで、子どもの理解が容易になります。

遊んだおもちゃや使用した私物は自分で元の位置に戻すよう指導され、ケースには、それぞれの個人名や子どものシンボルマークが示されています。

時に保護者と一緒に遊ぶ時間等の工夫に加えて、保育活動は多くの習慣と規則で成り立っていることを教えます。

● トイレの習慣

　たとえば、子どもが毎日使用するトイレに、トイレに行きたい子ども（3歳過ぎ）は、保育室の出口にかけられているビーズを首につけ

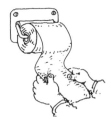

トイレの使い方が具体的に絵にされている。

て行きます。先生は、今、何人の子どもがトイレに行っているかがわかります。トイレを終えて保育室に戻ってきた時に、ビーズを元の場所にかけます。図のようなイラストを使って、新入園児や進級する子どもに説明します。

3、プロジェクトを展開する多様な三次元（立体）空間の保育室

●アクティブ・ラーニングの保育環境理論

　子どもの行動を科学的に理解するためには、子どもにとって「保育環境」とは何かを知る必要があります。保育室に、物理的な机・カーペット・おもちゃ・遊びのコーナーがある客観的な環境を意味するだけでなく、子どもが環境に意味を見つけることで、目の前にある環境が活き活きと現実感を持ちます。保育環境と相互的な関係を持つことで、現実の保育室よりも子どもに意識された非現実的な保育コーナーで、見立て遊び、想像的な遊びが展開されます。

●全員保育と小さなグループを使い分ける保育方法

　保育室には同じ質の子どもが座っているという発想で行われる保育方法では、同じ内容を同時に全員に伝えます。当然、保育室も変化させない、同じ秩序が求められます。

第2章　オランダの子どもたちが学ぶアクティブ・ラーニング

遊びが準備されたピラミーデ保育園の遊びのコーナー。

　保育室にはそれぞれ異なった子どもが座っていると考えると、当然異なった遊びの空間を大事にする教え方が行われます。

4、プロジェクトを展開する立体的な保育環境

　子ども全体を指導することに重点が置かれる日本的幼児教育（保育）では、保育室の雰囲気や立体的デザインへの関心は薄く、壁面装飾という二次元的なデザインを、見栄えの良い装飾に仕上げています。アクティブ・ラーニングの特色は立体的な三次元デザインの保育室です。各コーナーで遊ぶ子どもを一目で見渡せる、どこで何をして遊ぶのかわかりやすく配置されている、おもちゃやさまざまな素材が棚に見えやすく展示されています。子どもの個性に応じて遊びやおもちゃを選ぶことができ、楽しい遊びと学びの空間がデザインされています。先生は黒板（白板）の前に立ち、子どもたちは一斉に同じ姿勢で、先生と対面的に座る日本の典型的な従来の教育（保育）とは異なり、子どもたちは食卓を囲むように小さなグループに分かれて座っています。

全員に同じ内容を伝えたり教えたりする時は、従来型の座り方をしています。

先生は子どもたちのグループを回って指導しています。

● 大きなグループと小さなグループの相互関係

　保育集団の大きさを研究した巨視的な視点での発表があります。大きな集団における保育者の態度は、子どもを眺めている時間は長いが、集団を管理することにエネルギーを注ぎ、教育的な関わりが少ない、一方、小さな集団における保育者の態度は、子どもとの交互のやり取り、たとえば、質問、応答、教える、ほめる、慰める回数が多い、ま

第2章　オランダの子どもたちが学ぶアクティブ・ラーニング

子どもたちが小さなグループに分かれて、それぞれが異なった遊びをしています。

た、大きな集団における子どもの態度は、歩き回り、活動に参加することが少なく、無感動で引っ込みがちであったが、小さな集団における子どもの態度は、大きな集団の子どもより、考える（熟慮）、アイデアを出す遊びが多いと報告されています（Traver、1987年）。

●サークルタイム

　毎朝、サークルタイムと呼ばれ、全員が集まって先生の話を聞く時間があります。子どもたちが登園して自由遊びが終わる頃に、サークルタイムが告げられます。先生を囲むように馬蹄形（サークル状）に、子どもたちは肩を寄せ合うように座ります。お互いの顔を見ながら肩を寄せ合うことで、共同して学んでいる意識を生み出します。先生は、子どもの知っている知識の範囲で、子どもが体験している領域で質問したり、励ましたりしてサークルタイムを進めています。先生と子どもが相互的に言葉のやり取りをする優れた言語的効果を生み出します。サークルタイムが終われば、子どもたちは小さなグループに分かれて遊びます。

子どもたちが先生を取り囲むように座って相互に話し合いをします。プロジェクト活動の重要な保育活動の一つです。

先生を囲んで話を聞くサークルタイムは毎朝行われます。

●遊びを選択する

　サークルタイムが終われば、子どもたちは自分が遊ぶコーナーを選びますが、遊びのコーナーが絵で示された「プランボード」を使っています。子どもたちは自分の判断で遊びを変えていけるので、保育を中断する必要がありません。また自分で決めた遊びなので、子どもは、より遊びに入り込むことができます（日本では白板を利用して同様なプランボードを作り、遊びのコーナーを選ぶようにアドバイスしています）。

第2章　オランダの子どもたちが学ぶアクティブ・ラーニング

保育室の遊びの空間が絵で示され、自分が遊びたい絵の場所に名札を貼ります。

　アクティブ・ラーニングの基本は、子どもが自主的（主体的）に遊ぶことで成り立つ教育方法です。子どもの主体性は子どもの自己選択から始まるとカルクは考え、他者（保育者）に選択権を与えるのではなくて、子ども自身の自己選択という発想をピラミーデ理論に取り入れています。

5、プロジェクト幼児教育法はこのような流れで進められます

　プロジェクト幼児教育法は特別な保育方法ではありません。また、各園がこれまで行ってきた保育方法を大きく変える必要もありません。従来どおりの保育活動に、テーマを選んで遊びを指導する1時間前後の活動を組み入れるだけです。次頁の図はオランダの保育者が作成したプロジェクトの流れです。

●図の下段（自由遊びの時間）：大まかに9時から10時頃
　保育者は子どもの遊びに干渉するのではなくて、子どもたちが安心して遊べるように、子どもの遊びや態度を観察します（保育室の外での

登園後の自由遊びからプロジェクト活動までの流れが、図に表されています。最下段の自由遊びから、中段のプロジェクト活動が展開され、支援を必要とする子どもに個別の支援を行うのが最上段です。

自由遊びも含みます)。

　保育者が関わる支援の方法　保育室全体がプロジェクトのテーマを予測させるような雰囲気の中で、子どもは自主的に自由に遊んでいます。保育者は子どもの遊びを促すと同時に、個々の子どもの遊びを観察する大切な時間帯です。発達レベルが高く、自立の程度が高い子どもは、ほとんど支援を必要としません。保育者は未解決の問題について尋ね、計画を聞き出し、子どもに自力で問題を解くようにさせます。また、評価に必要な問いかけもします。

●図の中段（プロジェクト活動の時間）：大まかに10時から11時頃
　自由遊びが終わりに近づくと、子どもたちは片付け始めます（園庭

第2章　オランダの子どもたちが学ぶアクティブ・ラーニング

小さなカーペットを置くことで、ここで遊ぶという
意識を与え、遊びの見本を見せます。

遊びから保育室に戻ってくる時間帯です)。いつものように保育者を囲むように、子どもたちはサークル状に座ってサークルタイムが始まります。今日はどのような遊びをするのか、何の遊びが準備されているのか、の説明を受けた後に、自分が選んだコーナーに分かれて遊びを続ける時間です。保育者は部屋の中を同じルートでゆっくりと歩き始めます。自主的に遊んでいるグループには目で合図をしたり、微笑んだりして見守りますが、遊び方のルールがわからないで騒いでいるグループには遊びに入り込みます。また、遊び方がごく普通で変化の乏しい繰り返し遊びのグループには遊びの展開を指導しています。

保育者が関わる支援の方法　発達レベルが平均的で自立の程度も平均的な子どもには、必要最低限の支援が必要です。その子どもには内容に関する支援が必要か、それとも作業行動の領域の支援が必要か、子どもの自主性を保つためにはどのくらいの支援を与えるべきか、を考える必要があります。

●図の上段（個別的な支援の時間）：大まかに11時から11時30分頃

　子どもたちの遊びの頂点が近づき保育室が静かになると、保育者は

グループから離れた場所に、個別指導ができるコーナーが作られています。

支援を必要とする子どもに寄り添って個別的な指導を行います。保育室には必ず支援を必要とする子どもがいますが、そのような子どもの傍らに数分間座って教え、時にはコーナーで子どもと保育者だけが1対1の対応をします。日本的な教育は個別よりも全体が優先され、クラスの平均的な能力を基準に教えられ、早くできた子どもは「センセイ、できた！」と手を挙げると、しばしば先生は「待ちなさい」と指示します。他の子どもに先生は手を取られています。早くできた子は退屈し、ついていけない子どもは保育室のお客様になりがちですが、支援の方法に変化をつけることで、子どもを退屈させない、待たせない保育ができます。

　保育者が関わる支援の方法　子どもの理解力が不充分な場合、その子のレベルで活動（最適発達）ができるように支援する必要があります。自立の程度も未熟ならば多くの支援が必要です。支援しなければ子どもが自主性を持つことは難しいでしょう。たとえ保育者が多くの見本を示してあげたとしても、子どもには自分で決めたという気持ちを持たせてください。

第3章

オランダはなぜ
プロジェクト幼児教育法を開発したのか？

● ● ●

1、"落ちこぼれ"への抵抗—オランダの教育改革—

　1960年代までのオランダの保育・教育は伝統的な一斉保育・教育が主流でしたが、同年齢の学年制クラスから多くの"落ちこぼれ"児童を生んでいました。また、多くの移民がオランダの旧植民地（インドネシア、スリナム共和国〈南米〉、アフリカなど）からオランダに労働者として入国してきました。移民家族の子どもたちのオランダ語獲得と低学力問題が、オランダの教育界だけでなく、社会問題として浮上してきました。そこで、移民してきた子どもには、オランダ語の個別指導が行われています。オランダの保育園には多数の移民家族の子どもが通っており、オランダ語を理解できない子どもが大半です。言語教育の難しさに直面したオランダ政府は、カリキュラムの柱に言語表現を位置づけました。

　また、"落ちこぼれ"児童（小学校から留年が認められています）と、発達障がい児の普通学級への受け入れも含め、国を挙げて子どもたちの個別の発達を保障するための抜本的な教育改革に取り組み、0〜5歳児を対象とする「幼保一貫教育」のメソッドとしてプロジェクト幼児教育法が開発されました。

オランダ　アーネムにある Cito 本部

2、Cito（旧オランダ王立教育評価機構）が開発したメソッド

　プロジェクト幼児教育法はオランダ全土でも広く普及し、信頼度の高いメソッドとして知られています。その理由は、このメソッドが、Cito（シト）という、子どもの発達の能力測定評価を専門としている機関によって開発されたメソッドだからです。Cito は、現在は民営化（1999年）されていますが、もともとは国の機関として、一人ひとりの子どもの学力やスキルの発達を、小学校を卒業するまで定期的に測定する「発達モニター・システム」によって、全国で実施している機関です。このような機関で開発されたものであるだけに、狭い学力にとどまらず、社会性や情緒の発達なども含む、子どもの幅広い発達領域に目配りのよく効いたメソッドで、九州ほどの広さ（人口が日本の8分の1ほど）のオランダ国内で、現在、500以上の保育園、750以上の小学校付設幼児遊戯室、1,000校以上の小学校が採用しています。

　なお、ピラミーデを開発した Cito は、ヨーロッパにおける国際英語検定試験の本部であり、国際経済協力機構（OECD）の協力機関です。日本ピラミーデセンター「NPO 法人国際臨床保育研究所」は、

日本におけるピラミーデ（プロジェクト幼児教育法）のすべての権利者として認められています。

3、オールタナティブ（もう一つの選択）教育とアクティブ・ラーニング

　1960年代後半から70年代の初めにかけて、オランダの小学校教育は大きな転換期を迎えました。子どもたちの個別の発達を保障する保育・教育方法（"落ちこぼれ"への抵抗運動）に取り組んだのですが、その際に注目されたのが、すでに1920年代からオランダ国内で少数の実験的な学校で実践されてきたオールタナティブスクール、たとえば、異年齢学級と具体的な教具を使ったモンテッソーリ教育、頭と手と心の発達を重視したシュタイナー教育、異年齢学級による子ども同士の学び合いと、対話や遊びの持つ教育的な意義を認めたイエナプラン教育です。さらにイスラム教やユダヤ教の学校も認める寛容さを、オランダ政府は持っています（宗教主義的な学校にも公的補助金〈税金〉が支給されています）。

　オールタナティブ（もう一つの選択）といわれるこれらの教育方法を行っていたのが、アクティブ・ラーニングによる保育活動や授業方法でした。オランダ政府はこれらの保育・教育活動の有効性に気づき、Cito幼児教育責任者ジェフ・フォン・カルク博士に、オランダ政府が主導するアクティブ・ラーニングの幼児教育版の開発を委託しました。

● モンテッソーリ教育
　幼い子どものものの理解は、敏感期と呼ばれる感覚的な体験から学ぶことを発見し、子どもの学習はすべて遊びから始まると考え、モンテッソーリ感覚教具と呼ばれる独特な教具を使いながら、子どもは手から学ぶと主張しました。

大きなお玉を磨き粉で磨く遊び。伝統的なモンテッソーリ保育園・幼稚園で行われる珍しい場面です。オランダやドイツのモンテッソーリ保育園・幼稚園でも見ることが少なくなった光景です。旧東ドイツで時々見かけます（ドイツ・チューリンゲンにて、辻井正撮影）。

非常に優れたオランダのシュタイナー教育（幼稚園から小学校まで）の保育環境です。整然と準備された変化しない環境の中で子どもたちが学んでいます。

● シュタイナー教育

　20世紀はじめのオーストリアの哲学者・神秘思想家であるルドルフ・シュタイナーによって始められた実践的教育法で、子どもの自律

第3章　オランダはなぜプロジェクト幼児教育法を開発したのか？

サークル状に座って、子どもたちが互いに顔を見合わせながら保育を受けます（左）。午睡の時間も円形です（右）。学校の授業も、交互に数人の子どもを集めて床に座って授業を進めています。ピラミーデのサークルタイムはイエナプランから取り入れています。

性を教育の基礎にすえて、子どもが自由な自己決定を行う教育法を展開しました。

● アクティブ・ラーニングの源流、イエナプラン教育

　1923年頃、ドイツの古都イエナ大学の典型的な教育学は、「ヘルバルト教育学」という段階的に子どもを教えていく方法で、学校とは、知識や技能を持った教師が知識の未熟な子どもに教える場と考えていました。これは、日本の明治の教育方法に大きな影響を与えました。それに対して同じ大学で教えていたペーターセンは、子ども自身の経験の中から学び、発達することを教育の基本と考え、人と人、人と環境の有機的なつながりを教育と考えました。そして、社会的に自立するためには、他からしつけられたり、強制されたりして教えられても長続きはしない、意味もないと考え、教育の担い手は子ども自身で、教師は子どもに道筋をつけるだけだという考え方は、当時の多くの人々に賛同を与えました。しかし、欧州大戦後イエナは東ドイツ領となり、共産主義体制の中で押しつぶされ、戦後、オランダに導入されました。オランダの教育界は、イエナプランの思想に大きく影響を受けています。

小さなグループに分かれて、異なった遊びをしています。

4、最大の改革は、一斉型保育・教育から個別の発達保障へ

　1970年代に「一斉教育から子どもの個別の発達を重視した教育へ」という改革に取り組んだオランダの文部省は、従来の大きなグループによる保育・教育方法から、小さなグループ展開による活動に切り替えます。現在、オランダの小学校では、これらの学校が率先して行ってきた、個別の子どものニーズに合わせた教育方法や、子どもたちの社会性・情緒の発達を尊重する環境づくり・授業運営が広く深く浸透しています。

　1990年代に開発されたピラミーデも、このような小学校教育の取り組みの影響を受けて、オールタナティブ教育の特徴が色濃く見られます。開発者のカルクの子どもたちが、イエナプラン学校に通っていた影響もあり、ピラミーデのプロジェクト展開の手法はイエナプランから取り入れ、子どもたちが具体的に使う教具のアイデアはモンテッソーリから学んでいます。

第3章　オランダはなぜプロジェクト幼児教育法を開発したのか？

5、20世紀の心理学理論を多様に取り入れたピラミーデ
（プロジェクト幼児教育法）

　ピラミーデを開発したカルクは、このように、70年代以降オランダの小学校教育に大きな影響を与えたオールタナティブ教育の利点を取り入れたほか、ピアジェやヴィゴツキーなどの発達心理学の古典的権威者の理論、さらには、今日の教育学や発達心理学の先端を行く研究者らの理論も進んで参考にしています。その代表例として、子どもの多面的な才能を発見し刺激する多重知能理論（ハワード・ガードナー）、子どもの安全性・ウェルビーング・情緒の発達に関わるニアネス（心理的愛着理論）の考え方の根拠「アタッチメント理論」（ジョン・ボウルビィ）、子どもたちが、「ここ」と「今」とから距離を置くことで自身の立場を客観的に振り返るという、高いレベルの知性を身につけるための「Distance（ディスタンス、心理的距離感）理論」と、「Nearness（ニアネス、心理的愛着）理論」（イルビング・シーゲル）によってプロジェクト活動を組み立てています。

6、オランダの園長先生が信頼を寄せるメソッド

　プロジェクト活動を取り入れているオランダの園長先生の話です。
　「今日のように、保育者はあまり深い経験を持たずに仕事を始め、その多くがパートタイム（交替制）で働き、病欠もあるというような時代、私は園長としてリスクを冒すわけにはいきません。つまり失敗を冒さないために完成度の高いメソッドを選びたいし、その意味では私の選択にかなったものでした。このメソッドは、経験豊かな保育者に対しては自分なりの経験に基づいて内容を膨らませることのできる余地を設け、また初心者やパート保育者のためには、すぐに失敗なく取り組めるような基礎的な枠組みがしっかり用意されています」。

ジャン・ピアジェ　1896〜1980年。スイスの心理学者。20世紀において最も影響力の大きかった心理学者の一人です。子どもの発達を量的に拡大するのではなくて、質的な展開を遂げることを、自分の娘たちの遊びの実験から解明しました。アクティブ・ラーニング（プロジェクト幼児教育法）実践にピアジェの発達論が導入されています。

レフ・セミョノヴィチ・ヴィゴツキー　1896〜1934年。ロシアの天才的心理学者。子どもの遊び、特にごっこ遊びを通して展開される子どもの想像性に光を当て、子どもは遊びを通して現実を超えるといいます。プロジェクト展開の中核はヴィゴツキー理論で構成されています。

ハワード・ガードナー　1943年〜。アメリカの心理学者。知能は8つの領域に分かれているという説を発表し、世界中の教育学者に新鮮な論議を打ち出しました。プロジェクトの年間カリキュラムは8つの領域に分けられていますが、ガードナーの多重知能理論から導入しています。また、保育環境のデザインも、8つの知能領域が展開できるマルチインテリジェンス理論が基本です。

第3章　オランダはなぜプロジェクト幼児教育法を開発したのか？

ジョン・ボウルビィ　1907～1990年。イギリス出身の医学者、精神科医、精神分析家。母子間の愛着と分離に関する研究は、日本の幼児教育や保育界にも大きな影響を与えました。ピラミーデの４つの基礎石の１つである、「心理的な愛着形成理論」はボウルビィ理論を取り入れています。

イルビング・シーゲル　1922～2006年。アメリカの心理学者で、子どもの知的認識の研究者です。ピラミーデ開発者のカルク博士が大きな影響を受けた学者です。シーゲルの距離感理論は、ピラミーデの「心理的な距離感理論」に応用されています。保育が愛着や情緒を主として展開される日本的保育において、愛着に対比させて教育を展開するシーゲル理論は、これからの日本の保育・教育が学ぶ充分な値打ちがあります。

パウロ・フォン・ゲルト　1950年～。オランダの教育学者で、従来の発達心理学理論に対して、発達は段階的に変化していくのではなくて、環境との相互作用を繰り返しながら発展していくという、動的心理学を唱えています。プロジェクトの短期発達と長期発達のサイクルで展開される方法は、動的心理学からの応用です（私は個人的にゲルト博士と会話をしたことがありますが、語る言葉のひと言ひと言に情熱を感じさせるダイナミック（動的）な心の持ち主でした）。

第4章

子どもが安心して自己表現のできる保育環境と保育実践

● ● ●

1、安心して遊べるように小さなコーナーに分ける

　一斉保育では、保育者の目は全体の子どもに行き渡りますが、子どもを「管理」することに注意が奪われ、教育的な効果は疑問視されています。また、幼稚園で行われている一斉的な教育プログラムの教育法では、小学校入学時の子どもの学力は保育園（長時間保育）の子どもよりも高いという報告もありますが、その効果は1～2年で消えてしまう「仮眠効果」説もあります。

　小さなグループによる指導では、担任の目が同時には全体に行き渡りませんが、担任が背を向けている子どもグループは、互いに教え合っている回数が多いのです。大きな集団では全体に平等に関わる時間が多く、小さなグループでは個別的な関わりが増えます。

●子どもが安心するために、習慣やルールが見えるようにビジュアル化する

　子どもにとって、時間や空間、ルールといった目に見えない概念は、なかなか理解しづらいものです。そこで、次に何をするのか、ここでは何をして遊ぶのか、目で見えるように準備してあげます。たとえば、
　・服のたたみ方やトイレの使い方、1日の流れを絵で見せる。

アクティブ・ラーニングを展開する保育室のモデル

トイレの使い方がイラスト化され、子どもが安心してトイレを使える工夫をしています。

1日の保育活動が視覚化され、数える数字も具体的に表示されています。

- 玄関からくつ箱までを、年少、年中、年長ごとに色分けした足あとをつける。
- 子ども一人ひとりに色や動物などのシンボルマークを決めて、くつ箱やロッカーなどに貼ってあげる。

第4章　子どもが安心して自己表現のできる保育環境と保育実践

コートを掛ける場所にはシンボルマークがあります。

日本のピラミーデ導入園のおとうばんの割り振り表。

使いやすく、後片づけがしやすい整理棚。

・おもちゃの収納も棚に並べ、おもちゃを置く場所に写真を貼ることで、遊んだおもちゃをもとに戻す習慣が身につく。

●おもちゃや保育素材が目に見えるよう準備されている

　おもちゃや素材はコーナーごとに分けておき、棚の置き場所に写真やイラストを用いるなど、取り出しやすさを考えてあげます。おもちゃの置き場所を子どもの目に見えてわかりやすくし、日々の保育の中で置き場所や片づけのルールが説明されていると、子どもたちはルールを理解して自然と片づけができるようになります。

●保育者と子どもの愛着形成を意識する

　コーナーを作ることで、子ども一人ひとりに関わる時間が長く持てます。一斉に伝えなければならないときは、部屋の中央に保育者と子どもが円を描くように座って話をします。このためには、部屋の真ん中にある程度の空間が必要です。この空間は、遊びの空間としても活用できます。このように、保育者と子どもが１対１、１対複数のいずれにも対応できるデザインにします。

●安心感の獲得は自己選択と自己決定の能力を養います

　ピラミーデは、安心感の獲得が重要だと考えます。安心・安定した精神状態でいるからこそ、主体的に遊べるからです。不安な子どもは指示されないと遊びません。

　子どもが「わからなければ、保育者がそばにきてくれる」「今は他の子のそばにいるけれど、自分のことを気にかけてくれている」といった安心感を持つために、ピラミーデが提唱する保育方法論が「ニアネス（心理的愛着）とディスタンス（心理的距離感）」であり、その根底にあるのが「愛着」です。

　また、それぞれの子どもに適したおもちゃが用意されていることも安心感を与えます。おもちゃの棚の下段には子どもが簡単に使えるおもちゃが、上段になるほど使用にむずかしいおもちゃが置かれ、コード化と呼んでいます。

2、アクティブ・ラーニングの保育室をデザインする

　ドイツのDIDACTA（国際教育教材展示会）は、毎年ヨーロッパ各国の教材メーカーの展示と教育メソッドの講習会やワークショップが行われるために、現場の保育者や教師（生徒も参加します）がたくさん集まる教育祭のような雰囲気です。乳児保育のワークショップに参加し

第 4 章　子どもが安心して自己表現のできる保育環境と保育実践

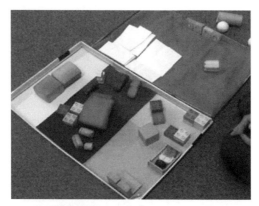

菓子箱を保育室に見立ててデザインされた
乳児保育室。

先生方は器用に机、椅子、カーペット、ごっこ
コーナー等を作り上げます。

たときに講師が映し出している映像は、保育環境の設計でした。菓子箱を保育室に見立てて、そこに机に見立てたブロック、レゴを椅子に使い、画用紙でパーテーションを作る様子が説明されていました。講師の説明では、学生たちが卒業して保育現場に入る前に、短大（養成校）ではこのような保育室デザインの練習を行っているという話でした。

53

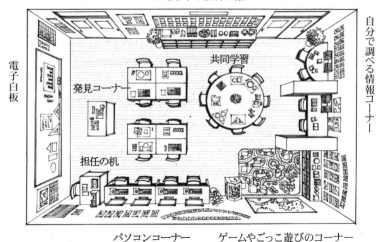

マルチプル・インテリジェンス保育室＝5歳

　日本の保育者は、大学や養成校で保育理論以外に多くの実践的なテクニックも身につけますが、オランダやドイツの保育者との違いは、保育室作り（デザイン）の能力です。ドイツやオランダの保育室に入って気がつくのは、調度品の立派さです。整然とした保育環境は見事で、巧みな空間処理テクニックで保育室が構成されています。日本はどちらかといえば、二次元的な壁面デザインが上手ですが、三次元的な空間処理能力は劣ると思います。私が行う保育環境の講習会では、必ず、保育室デザインのワークショップを行います。模造紙、コピー用紙(白紙)、ハサミ、のりを使って、真っ白な模造紙に下書きをしないで、コピー用紙で作った立体調度品を配置する練習を行います。

●保育室をデザインするための基準（クリテリア）
1、発達領域が考慮されている。
2、一人ひとりの違いを配慮しているか(年齢・発達レベル・文化・性差)。

第4章　子どもが安心して自己表現のできる保育環境と保育実践

自分の顔写真を家からクラスのパネルに張り替える。

3、遊びと学びの空間を配慮しているか。
　・空間が分割されている
　・家庭のような雰囲気
　・安心して遊べる空間
4、習慣と規則が見えるようにデザインされているか。
　・習慣のパターンが見える
　・自分だけの場所がある
　・遊びの範囲を決める
　・遊びを自分で選べる

3、子どもをプロジェクト活動に引き込む工夫

●登園時〜家から保育園への移行の不安感をやわらげてあげる〜
　子どものシンボルマークをさまざまなところに貼ることは、子どもの不安を解消するよい方法です。くつ箱やかばん置きにマークがあると、保育室に自分の居場所があることを確認できます。子どもは、家庭から不安と同時に、好奇心も抱いて登園します。そこで、玄関にそ

の月のプロジェクト幼児教育法のテーマに基づく飾りやディスプレイを、子どもの興味を引き出すように展示してあげるとよいでしょう。
　おうちにある自分の顔写真を、登園してきた子どもからクラスのパネルに張り替えます。家から保育園に来たことを意識づけるやり方です。子どもは毎日、家庭から保育園という異なった空間を移動しています。顔写真を張り替えることで、今、自分がいる場を意識し、誰が登園していて、誰がまだ家にいるのかもわかります。

●子どもの表現を引き出す
　子どもは、自分が体験したことしか話しません。そこで、子どもへの声かけは、子どもの体験に基づいた話をします。映像を使って、保育者は子どもが体験したであろうことを想像しながら話しかけます。すると子どもは喜んで自ら話します。子どもとの会話はここから始まります。これはニアネス（心理的愛着）の実践です。
　登園時の移行不安をやわらげるために、ピラミーデは保護者がしばらく保育室にいることを認めています。とくに1、2歳の子どもや入園してしばらくの間は、親がそばにいることをすすめています。この方法は日本でも取り入れ始めています。わが子が他の子と一緒に遊ぶ場面を見ることで、保護者の子ども理解や保育への理解を促す効果もあります。
　安定した環境といつも同じ先生が相手をしてくれるという安心感があってこそ、他の子どもへの意識が芽生えてきます。仲間意識が育つと、保育室での安心感も高まります。
　労働を分担するオランダのワークシェアリング制度は、夫婦共に働く家庭において、夫婦のどちらかが在宅する日が多いために、保護者が10時ごろまで保育室にいる姿を見かけます。

第4章　子どもが安心して自己表現のできる保育環境と保育実践

●遊びの意欲を引き出す

　保育の大きな目標の一つは、子どものやる気を大事にして、子どもが自主的に遊べる環境を整えることです。しかし、遊びを子どもの好き放題に任せると、幼児期のあいまいな知識では子どもが混乱する恐れもあります。一方、子どもは自分の遊びが受け入れられないと、強い不満を持ったまま1日を過ごします。こうした課題を解決するには、まず子どもの遊びを認めて、どのような援助をすることが適切かを判断することです。「子どもが自主的に遊ぶ」という意味は、子どもの好き放題に遊ばせることではなく、適切な援助の下で遊びが展開されることを意味しています。

●自主的な遊びを促す指導とは

　プロジェクト活動は、子どもの自己選択と自己解決の育ちを目標に置くために、遊びを自分で選ばせることが大きな意味を持ちます。しかし、とくに幼児期の子どもにとって、自身で遊びを選び、遊びに熱中することは時に困難です。遊びを選んだとしても、同じ遊びを繰り返し、発展性のない遊びをする場合があります。より自主的な遊びを促すためには、遊びの選択の段階でも手助けが必要です。

●自分の好きな遊びを見つけるよう導く

　何処で何の遊びをするかが目に見えてわかるよう環境を整えます。つまり保育室のデザインです。子どもは、どこにおもちゃがあって、どんな遊びができるかがわかってきます。

●自主的に遊べているときは、ほめる

　保育者は子どもを観察して、好き勝手に遊んでいるのか、しっかり遊びに熱中しているのかを判断します。そして遊びを具体的にほめます。

遊びに子どもの関心を持たせるために、箱の中に小さなおもちゃを入れて、中に何が入っているのかを探らせています。

● 遊びを放棄しそうになったら、手助けをする

この二つは一体化しています。保育者が見本を見せるなどの手助けをしない遊びは、勝手な遊びになるだけでなく、積み上げる遊びなのに放り投げて遊ぶなど、余計なことをしてしまいます。まずは子どもの遊びややり方を見守り、必要なときにだけ手助けをしてあげます。

● 遊びを意識させる

自分が何をして遊んでいるのかを意識させます。「今はお買い物遊びね」「水遊びをしているのね」「かぞえているのね」などと、子どもが取り組んでいる行為を具体的に示してあげることで、子ども自身に遊びを意識させます。意識をすることによって遊びは成立します。「意識しない遊びは、ただ動いているだけである」とカルクは言います。

● 「見守っている」という安心感を与える

有名な実験があります。子どもが3人遊んでいて、3人の親がそれぞれの態度を示します。一人は絶えず口を出し、もう一人はそばに行き、もう一人は少し離れた所からまなざしだけを向けています。最も

第4章　子どもが安心して自己表現のできる保育環境と保育実践

保育室を同じルートで歩いている先生に、子どもが近寄って質問しています。

豊かに遊ぶのは、まなざしを向けている親の子どもでした。

カルク博士はこの実験を引き合いに出し、自主性の育ちには、ニアネス（心理的愛着）とディスタンス（心理的距離感）を適切に行使して安心感を持たせることが大事だと言います。

● ルールと制限があることを教える

この二つが保障されているからこそ、保育が成り立ちます。これはプロジェクト活動が継続して行われるためにも重要な考えです。

● 子どもに色紙を選ばせる

子どもに、いくつかのうちから一つを選ばせることは意外にむずかしいものです。選ばせるには、すべてを目の前に見せ、「これは赤い色ね。これは黄色ね……どれがいい？」などと説明して選ばせます。ここで大事なことは、選ばなかったものを元の位置に戻させるということです。自主的に選ぶ行為の背景には、選ばなかったものを戻す行為が伴います。これによって「選ぶ」行為が完結するからです。

●いつも同じルートで保育室の中を歩く

　保育者はグループの間を行き来し、ニアネス（心理的愛着）とディスタンス（心理的距離感）を自在に使い分けながら保育します。子どもたちには『困ったときは手助けしてくれる』という安心感があり、保育者と子どもとの間に信頼関係が定着しています。

4、プロジェクト遊びを展開させる保育の実践例

●遊びによって現実を超える

　子どもは今ある現実しか見えず、明日や未来という時間の認識は希薄です。子どもにとって今ある現実がすべてであり、世界は自分の手の内にあると考えているので、自分の思い通りにならないときは、泣いたりぐずったり、反抗したりとわがままなふるまいをし、他者について考えることは困難です。子どもたちに他者理解──「世界には自分以外に他者が存在すること、違った考え方があること、あなたの要求していることがすべてではないこと」を促していくために、「遊び」が重要な役割を果たします。

●ごっこ遊びの重要性

　これまでは、事実や知識を伝達することが教育でした。すなわち、現実を教えることが教育だったのです。しかし、子どもの不可解な事件が目立つようになり、学ぶ意欲を失った子どもが多くなったことを考えると、子どもが未来に向けて羽ばたいていくための力を育てるのが、いま必要な教育ではないでしょうか。

　未来に向かう力とは、夢やアイデアやものを想像する力です。しかし、これは教えられるものではありません。遊ぶこと、中でも他者と関わりながら遊ぶことで培われていくのです。

第4章　子どもが安心して自己表現のできる保育環境と保育実践

病気の人形を世話する遊びの見本を見せています。

●テーブルでパーティー遊びをしている場面

　遊びを豊かにするために、保育者にはある重要な役割があります。それは、遊びに新しい刺激を与えることです。子どもの遊びの特徴は、同じ遊びを繰り返すことです。子どもは安定を求める傾向にあり、これは子どもが落ち着くためにも大事なことです。しかし、繰り返しが多くなると好奇心や探究心が育たず、発展性がありません。そこで、保育者が新しいアイデアを入れて刺激を与えます。

　たとえば、子どものパーティーごっこの遊び場面で、保育者が急にお客になって、「こんにちは。今日はごちそうしてくれますか」と話しかけます。あるいは、食べている最中に、「お腹が痛いわ。救急車を呼んでください」と病人になります。このように、保育者が急に役割を変えたり、場面を変えたりすることで、遊びが発展し豊かになります。

●遊びの見本を見せる

　幼い子どもが自主的に遊びを展開しそうにない時は、保育者は見本を見せながら遊びの支援をします。こうしたごっこ遊びでは、子ども

は遊びの最中にぬいぐるみに感情(生きていると考える)を入れますが、終わればごっこ遊びの素材を単なる「物」として理解します。この病院ごっこでも、遊びが始まると子どもはぬいぐるみを生きた動物として見ますが、遊びが終わった途端、単なる"ぬいぐるみ"に戻ります。これが「認識」であり人間の知恵です。子どもは遊ぶことで想像を働かせ、もの(現実)を超え、再び現実に戻るのです。

第5章

小学校との連携を視野に入れた
プロジェクト活動

● ● ●

1、「テーマ」から健康・人間関係・環境・言葉・表現を教える幼児教育法

　知識の獲得は、暗記や詰め込みに限界があることを多くの教育者が指摘しています。「頭の大きい人は頭が良い」と知能を量的に考えた時代は、知識を大量に記憶することが重要な能力でしたが、最近の心理学や脳科学は、階段状の積み上げではなくて、相互的な関係、らせん状的な発展、特に環境との関連から獲得される認知行為が注目されています。

　次頁の図は動的心理学理論のモデル図ですが、ある知的な認識行為は自ら刺激を吸収して拡大するのではなくて、環境が提供する知識(刺激)と関連しながら発展し、ある段階に到達すると質的に変化し、さらにそれらが相互関連的に発展すると考えます。

　ピラミーデはこれらの考え方を、実践的に幼児教育法として完成させました。

●テーマを子どもの目の前に見せることで、子どもの知的関心を引き寄せます

　プロジェクトの最大の特徴は、テーマを設定した遊びを基本とすることです。従来のように認知的な目標を決めて、そこに到達させよう

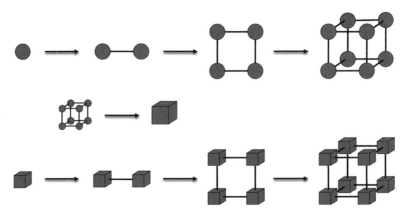

フイッシャーとローズ（1998年）が提唱した動的心理学の展開図
知能は互いに関連し合いながら発展するという動的心理学理論

とする保育ではこぼれる子どもが出ます。しかし、「テーマ」を設定した遊びの場合は、子どもの理解度や興味によって子どもの遊びが異なり、どの子も充分に遊ぶことができます。それゆえに、子どものそれぞれの遊びを整理していくのが、保育者の技能です。選択の方法を支援したり、遊び方にヒントを与えたり、あるいは口を出さずに見守ることも必要です。

●テーマ展開では5領域の枠組みをこえた幅広い展開をします

　ピラミーデは、1年間に12のテーマを設定します。つまり1か月に一つのテーマが用意され、一つのテーマは約3～5週間かけて進められます（日本では行事の関係で2か月に1つのテーマという園もあります）。

　保育者は子どもたちをテーマに沿って導き、自主性を引き出すよう働きかける時間と、子どもが中心となる遊びの時間をうまく融合させることが大切です。プロジェクト保育のテーマは、子どもたちの暮らしや生活体験など、身近な事柄を基盤に考えられています。なおかつ"子どもの脳の領域"（①運動、②創造、③知覚、④言葉、⑤個性、⑥社会性を持った情緒、⑦考える力、⑧時間と空間の理解）に重点が置かれ、それぞ

第5章　小学校との連携を視野に入れたプロジェクト活動

アクティブ・ラーニング年間カリキュラム表

発達領域	プロジェクト	年少のテーマ遊び	年中のテーマ遊び	年長のテーマ遊び
個性の発達	入園・進級の受け入れ方	保育に受け入れる	保育に受け入れる	保育に受け入れる
時間の理解	春	成長する！	外へ出よう！	春が来た！
空間の理解	空間について	僕と私の体	ボディ・イメージ	空間を学ぶ
世界の探索	水	水と遊ぶ	家の中の水	外の水
考えることの発達	色と形	おもちゃ屋さんへ行こう	スーパーへ行こう	商店街へ行こう
言葉の発達	家庭	私の家	いろんなお部屋	お引っ越し！
時間の理解	秋	雨と風	葉っぱと種	秋の天気
考えることの発達	数える	クマの誕生日	私の誕生日	お祝い！
言葉の発達	衣服	何を着ようかな？	私に注目！	私ってどういう人？
考えることの発達	大きさ	ネズミの大きさ、ゾウの大きさ	大きくなる	旅に出よう
言葉の発達	交通	家のまわり	通学路	どうやって来る？

れのテーマにねらいとする領域をあてはめます。たとえば、年間カリキュラム表によれば、言葉の発達の領域テーマは「家庭」で、時間の理解の領域テーマは「秋」です。年間のテーマと発達領域をバランスよく構成することが大切です。また、日本の実情に合わせて四季の移り変わりや行事、その土地ならではの風習を取り入れるなど、基本がしっかり定着すれば、テーマを変えてもかまいません。大切なのは、発達領域とプロジェクトのテーマの有機的な関連を明確にしておくことです。

●年間カリキュラムの標準的な実例

　発達領域　ガードナーが唱える多重知能説理論を根拠に、5領域の枠をはずした発達領域です（文部科学省は教科の枠組みをはずした教育法に取り組んでいます）。

　プロジェクト（教科内容）　発達領域を具体的に展開するための実

プロジェクト活動の様子（オランダ）

践的な内容です。従来の教え伝える教育法では教科学習が優先されていますが、アクティブ・ラーニングは具体的な内容から導入し、教科学習につなげます。

　テーマ　テーマはプロジェクト活動を進めるための実践的なテーマです。子どものそれぞれの年齢で、子どもが知っている内容、体験していることをテーマに取り入れます。そして、年少、年中、年長と同じテーマを３年間行いますが、テーマの内容を質的に変えることで、子どもの認識を具体的なもの（目の前の事柄）から、目の前にない事柄（抽象性）に導きます。

2、具体的なテーマ展開の実例を説明します
（ドイツの KITA「全日制保育園」）

●テーマ「春」が展開されます

　「春」を展開するための絵本や写真が準備され、テーマ展開が進む

第5章 小学校との連携を視野に入れたプロジェクト活動

ドイツ　プロジェクト活動　テーマ：「数と大きさ」

につれて、種を植える、観察する、春を自己表現（身体で表現）するなど、内容を変化させます。

●テーマ「数える」と「大きさ」が展開されます

　幼児期の子どもにとって、数や大きい小さいの概念はあいまいゆえに、具体的に、見えるように、そして比べてわかるようにテーマを展開します。

●テーマ展開はゲルトの動的心理学理論を使って4つの段階で進めます

　子どもたちにやる気を起こさせ関心を抱かせるためには、日常的な行動に引き込むことも必要です。毎日の日課に埋め込まれた4段階の学習過程（①具体的に説明する、②具体的に体験させる、③視野を広げる、④理解を深める）で行います。

①具体的に説明する
　・何をして遊ぶのか？　目標をはっきりさせる。
②見本を見せて、具体的に体験させる
　・明確な実例を見せて、感覚的な体験をさせる。
③視野を広げてあげる
　・同じところと違うところを見つけさせ、体験を言葉にさせる。
④理解を深め、抽象的な理解に誘う
　・他の経験と比べさせる。イメージで表現させる。

　4つの段階を踏む理由は、目の前にある具体的なものから、目の前にない抽象的な理解力へと展開するための学び方で、動的心理学の短期サイクルという理論の応用です。

　これらの手順で、子どもの経験に非常に近いところから始め、そして徐々に距離をとります（現実行動から具体的表現、抽象的概念まで）。子どもを現実的な世界だけで遊ばせる保育者よりも、現実的な場所から、より未来に向かって目を開かせようとする保育者に指導される子どものほうが幅広い理解と洞察力を身につけることは、シーゲルの距離感理論（Sigel、1993年）で実証されています。保育者や保護者の役割は、目の前の現実や目の前にないものを提供することです。そして計画、将来事象の予測、過去の再構築、そして新規なアイデアに子どもたちを巻き込みます。

● 第1段階：具体的に説明する
　これから遊ぶことの、楽しい雰囲気をつくりだします。
・絵本の表紙を見せて遊びに引き入れます。
・描写を見せ、子どもを反応させる。
・物語を語り、子どもを支援する。

第5章 小学校との連携を視野に入れたプロジェクト活動

第1段階

第2段階

第3段階

第4段階

●第2段階：見本を見せて、具体的に体験させる
・その月のテーマに関する絵本の概要をよく知らせる（概念の重点を明確にする）。
・子どもの経験したことなど身近な事柄から問いかける。
・相手の答えを導く問いかけをする。
・困難な概念を説明する。
・特徴をうまく使いながらテーマに関する絵本を相互に読み聞かせる。
・子どもにできるだけ多くの感覚を使わせる。
・対象物の重要な特徴を紹介する。

●第3段階：視野を広げてあげる
・異なる物語とつなげて考える。
・物語の読み聞かせによる相互作用。
・物語と異なる部分をつなげて読む。何が起こる？ 何が起こりそう？
・物語と自分の経験をつなげたり、比較したりする。

●第4段階：理解を深め、抽象的な理解に誘う
・物語の道すじと関連するものを強調する。
・子どもに絵を描かせながら、本の物語を話させる。
・何度も本を読み、少しずつ抽象的な質問をする。
「どうしたらいい？」「何ができた？」「何を思った？」
子どもに考えさせる。原因と結果のつながり。意味と目的のつながり。
・他の問題や他の本のつながりを考えさせる。

●テーマ展開のイメージ（言語表現力・認知力）
テーマ「水」を展開するときのイメージです。子どもが理解できる身近な出来事から次第に視野を広げ、想像力を高めます。

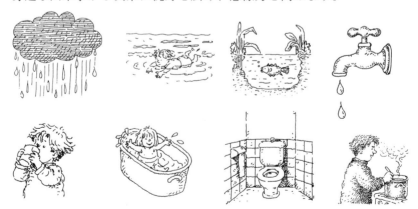

第6章

アクティブ・ラーニングの対話的読み聞かせ

●●●

1、テレビ脳の怖さ

　保育や教育現場で問題になっていることの一つは、子どもたちが先生の話を聞けないだけでなく、1日中落ち着きがなく騒いでいる子どもが多いことです。聞こえてはいるが聞いて判断する力が弱っているようです。

　子どもの言語表現力の問題の一つは、耳が育っていないことです。幼児の1日のテレビ視聴率（年間平均）4時間という数字は、10年間変化していません。また、睡眠時間調査でも、3歳児の50％近くが夜9時以降に寝ています。「テレビ脳の恐怖」とテレビ先進国アメリカで騒がれていますが、テレビが得意とするテクニックである突然のクローズアップ、パン（左右動）、ズームを繰り返されることで、自分と他者との適当な距離、個人の空間を保つための反射機能が弱められます。また、明るい色、早い動き、突然のノイズは、脳が、危険を知らせる変化に対して敏感に反応する力が弱まります。それだけでなく、刺激に対して身体が反応しなくなり、過剰な刺激状態は子どもの多動、フラストレーション、過敏な興奮の原因とされています。

　子どもたちはテレビのような「言語のない環境」ではなくて、子どもが経験する視覚的な環境とうまく結びついた言語環境が必要である

個々の最適発達を促す

(シカゴ大学ジュエリー・レヴィー教授) と、保育の重要性もいわれています。

2、子どもの耳を育てた伝統的な「語り聞かせ」

　日本の子どもの耳を育ててきたのは「語り聞かせ」です。小さい時から繰り返し祖父母から聞いた民話が、耳からの記憶となって次世代に引き継がれてきました。しかし、今どき、保育の現場で語り聞かせのできる先生はわずかで、大半は文字をそのままに読む「読み聞かせ」です。一話が10分から30分する語り聞かせは頭で覚えるものではなくて、祖父母から親へ、そして孫へと伝えられた時間の中で記憶されてきた話だけに、現在の我々にはまねのできない技法です。「語り聞かせ」は語り手が自分の身体に取り込んだ記憶であり、それに対して「読み聞かせ」は活字のままを読んで正しく聞かせるやり方です。

　語り聞かせが子どもの耳を育てた理由の一つに、聞き手が読み手に合わせて相づちや、合いの手と呼ばれる応答をすることがあります。語りのひと区切りごとに、聞き手が相づちを打ちます。「ハァ」(岩手・青森)、「オットー」(秋田)、「サースケ」(新潟)、「アア、ソーケエ」(長

第6章　アクティブ・ラーニングの対話的読み聞かせ

『すごいぞ　かえるくん』の表紙

野）と、地方によっていろいろありました。それに対して読み聞かせは保育者の一方通行になる可能性もあり、子どもたちが退屈しないような工夫や努力が必要になります。

3、アクティブ・ラーニングの対話的読み聞かせ

　プロジェクト活動には、日本の民話を語り聞かせる手法と同様な、読み手と聞き手がやり取りをしながら絵本を読む Interactive reading（対話的読み聞かせ）手法があります。

　オランダ人が最も愛する絵本作家は、国際アンデルセン画家賞受賞のマックス・ベルジュイスです。ユーモラスなカエルくんを主人公にした絵本で、オランダの子どもだけでなく大人にも人気があります。

　洪水をテーマにしたプロジェクト活動では、ベルジュイスの作品『すごいぞ　かえるくん』（清水奈緒子訳、セーラ出版、1996年）が使われます。プロジェクト幼児教育法の基本は次のような4つの段階を経て、先生と子どもの相互のやりとり（interaction）で展開されます。使用される作品『すごいぞ　かえるくん』は、洪水に直面したかえるくんが、食料がなくなり仲間たちが空腹で苦しむなか、勇気を振り絞って水に飛

『すごいぞ かえるくん』を手に、先生は子どもたちに語りかけます。

び込み助けを求めに行くという物語です。

4、ゲルトの動的心理学理論の4つの段階を踏んで、読み聞かせが進められます

●第1段階：導入と絵本の要約を語る（具体的に説明する）

1、子どもたちがすでに身につけている洪水に関する知識を把握しておきます。

2、卓上砂場の川岸には低い場所から高い場所までに3軒の家が建っています。水を少しずつ入れさせて家を超えるぐらいまで水が入ると、何が起こるのかに気づかせます。

3、本のページを少しずつめくりながら、何が起こっているのか、また、砂場との関係を話し合います。

4、カエル、アヒル、野ウサギ、ネズミの縫いぐるみで遊ばせます。動物たちは何を話しているの？、どこに住んでいるの？、とたずねます。

まず、絵本の導入を行うことから始めます。先生が絵本の要約を話すことで、子どもたちは絵本のカバーを見て感じたことを語ります。

第6章 アクティブ・ラーニングの対話的読み聞かせ

洪水の状況を保育室の中で再現し、洪水では何が起こるのかを具体的に見せます。

次に、子どもたちと一緒にページをめくります。文字通りに読むのではなく、子どもたちが描かれた絵に反応するように導きます。やや大げさに、子どもたちがいろんなことに関心を持つように働きかけます。

●第2段階：具体的に物語を読む（見本を見せて、具体的に体験させる）

1、子どもたちが手に取り触るという、感覚的なチャンスを増やします。
2、洪水で食料が少なくなっていく現実に気づかせます。
3、子どもたちが家から持参した野菜でシチューを作り、縫いぐるみの動物たちを招いて、子どもたちと一緒にテーブルで食べます。本の物語と関連づけて、何が起こったのか話し合います。
4、卓上砂場の水に、おもちゃの船とプラスチックの動物を置きます。

絵本の中心的な内容を理解させ、質問も子どもの身近な問題と関連させます。また、本を読み文字に親しみを感じさせます。読むことに力を入れ、質問をしてあげます。たとえば、物語の出来事を子どもと見ながら、「この出来事を覚えている人は誰？」とたずねます。それから子どもたちに絵本を見せて、「この絵本をどのように感じた？」と質問します。身近な質問、たとえば、「先生にどこか教えて」「何々

洪水で川があふれ出します。

目の前の風景が変わることで、子どもたちは次第に興奮気味に活動をすすめます。

を持っている？」といった質問を通して、基本的なことが明確になります。

●第3段階：物語を話し合う（視野を広げてあげる）
1、子どもたちの体験と比べたり、対立させたり、関連づけて理解を深めます。
2、子どもたちが知っている雨の体験を話し合います。「毎日毎日は

第6章　アクティブ・ラーニングの対話的読み聞かせ

洪水を知らなくても大雨を体験している子どもたちに大雨体験を再現させ、洪水を身近にします。

絵本の主人公たちを使って食料がなくなる状況を再現させ、食料の分配という考え方を学ばせます。

げしい雨が降ってきたらどうする？」「何が起こるの？」「何に気をつけなければいけないの？」
3、本の中の出来事と子どもたちの体験を比較させます。
4、レインコート、長靴、傘を使って遊びを展開します。

　判断力を養うために、これまでとは違って、物語の具体的な内容や子どもの個人的体験と切り離した状態で行います。最初は物語の異

実際の洪水の写真を見せながら、絵本との関連を理解させます。

なった部分の関連に注目させます。また、物語の流れと関連した子どもの個人的な体験を結びつけます。現実の物語よりも次第に距離を取り、少しずつ物語の構成に気づかせます。比較するというやり方で、物語の具体性と物語から距離を取った場合の実例を示してあげます。子どもは先生と一緒に考え、物語を追加したり演じたりすることができます。物語の難しい部分を取り上げて、それをどのように解決するのかを話し合います。子どもの個人的な体験と比較させることは大切なことです。何が同じで何が違うのか？

●第4段階：物語の流れを掘り下げる（理解を深め、抽象的な理解に誘う）
1、問題の解決方法を考えることで内容を深めます。
2、出来事の流れと具体的な出来事を、簡単なフランネル布地とボードを使って再現します。
3、卓上砂場の川岸に注目させて、どうすれば家を安全に洪水から守れるかを話し合います。
4、万一、子どもたちが洪水にのまれたらどうするかをたずねます。

第6章 アクティブ・ラーニングの対話的読み聞かせ

理解を深める過程で、物語の流れに対する関心を高めてあげます。多くの内容が理解され、生き生きとしたものになります。先生は子どもたちに、絵本の内容を語り、演じさせ、そして、絵本は保育者が大切にしているものであり、これからも継続的に使われることを子どもたちに意識させます。「どんな物語だった？」と再びたずねます。「何がありましたか？」と先生のたずねた事柄をさらに前進して考えさせます。最後に、もう一度絵本を読みます。そして、距離感のある事柄と子どもの体験についてたずねます。「何があったの？」「これからどうなるの？」。

絵本の事柄と関連する難しい問題を、たとえば、「どうする？」「想像してごらん？」と質問し、再び、物語に戻ります。そして幅広い内容との関連、たとえば『すごいぞ かえるくん』の洪水で、実際の洪水の写真を見せて絵本の洪水と比べさせるような方法を用います。

（新日本出版社、2008年刊）

東日本大震災からの教訓『津波てんでんこ』

「東日本大震災は、防災教育の重要性を浮き彫りにした。「想定外」の巨大津波が多くの命を奪った一方で、市内の全小中学校で津波防災教育に取り組んでいた岩手県釜石市では、ほとんどの小中学生が津波から逃れて無事だった。こうした被災地での教訓を踏まえ、政府の中央防災会議の専門調査会は昨年（2011年）9月に、まず逃げる「てんでんこ」の大切さを指摘」（讀賣新聞2012年8月16日。筆者共著『プロジェクト幼児教育法』より）。

第7章

ドイツ イエナプラン

● ● ●

1、ドイツの古都イエナ

　イエナ大学はヨーロッパでも最も古い大学のひとつで、1550年に創設されました。ドイツの作家の名からフリードリヒ・シラー大学とも呼ばれ、当時のドイツの教育学の中心地でした。第二次大戦後はソ連の占領下に置かれ、共産主義的な思想の土壌でありながら、イエナ大学で生まれた、子どもを主体的にとらえるイエナプランと呼ばれるプロジェクト教育が、継続して行われていました。

　1920年代、イエナ大学の教授ヘルバルトの学説は世界に影響を与え、日本でも明治期にヘルバルトの影響で、学習を五段階教授説の順序を踏んで教える方法が流行ったといわれています。ヘルバルトの学説がドイツの典型的な教育学で、学校とは、知識や技能を持った教師が知識を持たない子どもに教えるところと考えていました。当時、ヘルバルトの教授法に反対したのが、ペーター・ペーターセン教授で、前述した通りです（43頁参照）。

2、子どもが広い視野を獲得するイエナプラン

　イエナプランのプロジェクト展開は、教科（知識）という枠組みを

イエナ大学（辻井正撮影）

はずした内容です。たとえばテーマが「一歩一歩、少しずつ緑色になるように！ ―学校は環境教育に力を入れる―」("Schritt für Schritt ein bisschen grüner-eine Schule rennt für die Umwelt") では、環境緑化のために何かをすることが目的で、緑化や自然環境に関係するプロジェクトが組まれます。さらに自然保護地区に生息するコウモリを保護するための義援金も集められます。

グループテーマは多岐にわたり、自然保護地区の視察に毎日10kmトレッキングしたり、保護地区に生息するコウモリの生態を研究したり、グリーンピース団体を取材したり、またゴミを利用した楽器で演奏したり、自然素材のものを使って小物を作り販売したり、古着をリフォームしてファッションショーなどが行われます。

その中の、"Think Big"（視野を大きく）というプロジェクトグループでは、独自で撮影したショートムービーを放映し、「もし日常生活がこうだったら」という設定で、街の中で撮影を行います。フィルムには、路面電車に乗り遅れる人を助けるさまざまなパターンを考え、一つには閉まるドアに足を挟んで時間を稼ぐシーンがあったり、また横断歩道でたくさん車が走る車道に直面する場面では、車を止めるにはどうしたらいいか、ということを一人の少年が頭の中で描くことを

表現し、横断歩道で踊ったり、旗を持って遮ったりなど、ユーモアあふれる発想で展開します。

また、プロジェクト展開の企画書には、独自で企画したプロジェクト展開のコンセプトや授業の概要、進行を明確にしなければなりません。そして、希望プロジェクト内容申請書には、選択した理由を文章で表します。どちらにも共通することは、いかに自分（たち）の意見を表現し、納得させるかが問題になります。申請という形式を使い、自分たちの意見をどのように述べるかを考えさせることで、将来へつながる実践がすでに始まっているかのようです。

さらには、自分たちで作ったものを売って寄付金を集めることについては、プロジェクトの活動週間だけではなく、通常の活動でも行われますが、社会貢献に踏み出す第一歩ともいえます。

最後に、プロジェクト週間は子どもたちだけではなく、教員、保護者や関係者などの大人にとっても、共同学習の実態や達成感を得るアクティブ・ラーニングの本質があります。

3、プロジェクト週間（Projektwoche）

辻井がイエナ幼児教育クラス（日本の保育園・幼稚園）に取材の機会を得たのが2009年10月でした。友人の映像作家ウルフさんと3日間、幼児クラスから小学校クラスまでの教室に自由に出入りすることが許され、たまたま幼児教育クラスの保護者の中に、子どもを通わせている日本人女性（リートケ瑞恵さん）がいることを知りました。

イエナプランの年間の最大の行事はProjektwoche（プロジェクト週間）と呼ばれ、全学校（幼稚園から高等学校クラス）が1年に1回、大きなテーマの下でプロジェクト活動を行います（平素のプロジェクト活動は、プロジェクト週間に向けての準備的な意味もあります）。幼児教育クラスのプロジェクト活動を、学校の依頼でリートケさんが担当するということ

を知って、彼女の助けでプロジェクト週間の取材をお願いしました。
　以下、リートケさんのプロジェクトの報告を中心に紹介します。

報　告

●子ども会議がプロジェクト活動のテーマを決める

　プロジェクト週間は、普段、授業で行うプロジェクト（Projektarbeit）活動を大きくしたようなもので、年に一度、通例として3月下旬頃から4月上旬頃の1週間、学校全体で催される一大イベントです。幼稚園から13年生までの生徒が参加します。学習することに変わりはありませんが、雰囲気としてはお祭りのようで、先生や生徒たちも通常の授業より賑やかでリラックスしています。期間は金曜日に始まり、翌週の金曜日までの6日間で、この期間は他の授業は一切行わず、児童は参加したプロジェクト活動に集中することになります。修業時間は、朝8時から始まり、13時に終了します。

　プロジェクト週間の流れは、毎年違った主題が出され、その主題に伴い、年度によっても違いますが、20前後のプロジェクトグループ（通常「Gruppe グループ」と呼ばれています）が提供されます。主題はプロジェクトが開催される1か月ほど前に公表されます。この主題は子ども会議（Schülersprecher）と呼ばれる生徒委員会が決めます。生徒委員は小学4年生から13年生までの生徒で構成されています。クラスから3人ずつ選ばれますが、イエナプラン学校は縦割りのクラスなので、クラス内の各学年から1人ずつ選ばれます。任期は1年です。

　生徒委員が提示した主題に対し、自分でプロジェクトグループを作りたいという生徒は、他の生徒とグループを組んでテーマを見つけ、何をするか、プロジェクト進行、発起者名などを書いて申請します。前提条件として、1人でプロジェクト活動を立ち上げることは不可となっています。プロジェクトには必ず先生がつきますが、顧問の先生も自分たちで見つけます。

第7章　ドイツ イエナプラン

　そうした顧問の教員は、どちらかというと補助にあたる役割をするだけで、中心はあくまで生徒たちです。生徒たちが率先してプロジェクトを進めていきます。

　各プロジェクトグループが受理されると、Feier（祝会）の時間に学校で一斉に各プロジェクトグループの紹介があります。学校の廊下などで、ブースやコーナーを作ってそれぞれのグループが他の生徒に自分たちのプロジェクトがどんなものかを宣伝します。ちょうど、サークルやクラブなどの勧誘と似ています。生徒は、各コーナーを見て歩き、自分のやりたいプロジェクトグループを見つけます。幼稚園では先生がテーマを決めます。生徒は第3希望までを決め、申請書を書きます。これは用意された用紙に書くのではなく、生徒が文書形式で自由に書きます。希望のプロジェクト内容と、なぜそれを選んだか、そのプロジェクトで何を学びたいか、自分ならそこで何ができるかなど理由を文章にし、紙に書いて提出します。そして、受理されると参加するプロジェクトグループが決定します。プロジェクト活動が始まる少し前に、各プロジェクトグループから生徒に1週間のプランが配られます。そこには1週間の予定や場所、持ち物などが記されています。

●幼児クラスのテーマは「JAPAN（日本）」
　2010年3月のプロジェクト週間で、幼児クラスではプロジェクトテーマ「JAPAN」をすることになりました。幼児クラスの先生から依頼があり、私もプロジェクト活動の応援要員として参加することになりました。毎年、保護者だけではなく、テーマに関連した団体や専門家、その他の関係者などの協力を得ています。これらの支援は、プロジェクトを成功させるものとして欠かせないものとなっています。「多文化的」がテーマの年は、たくさんの在イエナの外国人が支援にあたりました。また、2012年のプロジェクト週間では、グリーンピース団体の協力を受け、その実態や活動を体験させてもらいました。

2010年は、「多文化的 Multikulturell」という主題に関連したプロジェクトが組まれ、「スペイン」「ブラジル」「インド」「中国」「韓国」などの国々についてのものから、「学校のミクロの世界」「異国の歌」「バスケットボール」など、非常に多彩なプロジェクト内容が提供されていました。

　幼児クラスのプロジェクト活動に参加するにあたり、まず、プロジェクト週間が始まる前に、2、3回、先生たちと打ち合わせをしました。先生たちの意見や要望、日本について何を学習したらよいか、何を手伝ってもらうか、などを相談しました。希望としては、歌1曲、折り紙、文字、日本の学校や幼稚園、風土について、また、児童と一緒に作る日本の料理などを提案され、それに対応した案をこちらから提供し、一緒に考えました。

●プロジェクト第1日目

　午前中に一度、先生方と軽く打ち合わせをしてから、12時から12時45分まで最初の授業が行われました。教員2名、園児（4～6歳）23名、小学1～3年生の児童4名です。

　まずは、みんなでサークルになって、先生が、これから学習していくプロジェクトテーマ「JAPAN（日本）」について説明をし、小学生の子どもは、なぜこのプロジェクトを選んだのかを聞かれ、答えていました。

　説明が一通りすむと、子どもに、日本についての次のような質問がされました。

・日本という国を知っているか。
・日本の何を知っているか。また、日本に関係したことは何か。
・日本はどこにあるか。
・日本の何が知りたいか。

　日本の地理的位置は、地球儀を使って確認しました。意外と、とい

第7章　ドイツ イエナプラン

サークルになって学習が進められます。

うよりは、やはり、あまり知られていないようで、「どこにあるんだー！」といいながら、地球儀をぐるぐる回していました。ある児童は、ブラジル方面を必死に探していました。

　実際に日本に行ったことのある児童は1人だけで、ほかは、テレビや本、雑誌などで日本について見聞きしていたようでした。そして、日本のものとして、サムライ・カメラ・空手・柔道・自動車などがあげられ、どのようなことを知りたいのかという質問には、次のものがあげられました。

　・なぜ日本人はみんな同じに見えるのか？
　・侍はどう戦うのか。また、武士はどんな格好をしているのか？
　・日本人は何を食べて、どう生活しているのか？
　・伝統的な衣装はあるのか？
　・幼稚園や学校はあるのか。またあったら、どのようであるか？
　・日本の家族はどのように暮らしているのか？
　・どんな音楽があるのか？
　・日本は何で有名なのか？
　・日本では何が生産されているのか？
　・日本のダンスグループはあるのか。伝統的な踊りはあるのか？

このようなたくさんの質問が出されました。侍や武士、空手などは、おもに男の子でしたが、武士道的なものの印象が強いのだな、と思ったと同時に、アメリカではよく、忍者について聞かれましたが、ここでは、忍者という言葉はほとんど聞きませんでした。ドイツではあまり知られていないのは、ちょっと意外でした。
　また、「なぜ日本人はみんな同じに見えるのか」という質問には、やはりそう見えるのか、と改めて考えさせられたり、「日本の家族はどのように暮らしているのか」という質問には、子どもながら、「家族」に焦点を当てるところに奥深さを感じました。
　これらの質問に答えるべく、プロジェクトの内容もそれに沿うように考えました。
　次に、自己紹介を日本語でしました。「私は～です」「僕は～です」を使って、順に名前を言ってもらいました。まだ、難しい子には名前に「～です」をつけた形で言ってもらいました。発音が難しいとみえて、かなり苦戦していましたが、みんなよくできていました。
　そのあと、この期間に練習する歌、「かえるのうた」を歌いました。選曲にあたり、「さくらさくら」も候補にあがっていましたが、ドイツの園児が1週間で歌えるようになるには少し難しいのでは、という意見もあり、簡単なメロディー、かつ少ない歌詞という点で「かえるのうた」になりました。全員で歌い、ちょっと難しいかな、と思いましたが、メロディーがやさしく、テンポもよいせいか、覚えやすいようで、歌詞がはっきり言えなくとも、ハミングで歌っていました。この歌の〈クワクワ〉のところが、ドイツ語のカエルの鳴き声と似ているせいか親しみやすかったようです。
　授業の終わりに、「日本Japan」と書かれたものを探す、日本のものがあったら持ってくる、という宿題が出され、みんなで日本語で「さようなら」をして、第1日目は終了しました。

第7章　ドイツ　イエナプラン

●プロジェクト第2日目
　・朝のサークルタイム、「おはようございます」を日本語で覚える。
　・金曜日の宿題について（日本のものを探す）。
　・日本の小学生についてのビデオ観賞『ある小学生の1日の生活』
　　（15分程度）。
　・折り紙と「かえるのうた」の演奏練習の二つのグループに分かれ
　　て学習。
　・お昼寝前のお話『ふくろうのそめものや』。
　・午後、ビデオの感想。

　朝8時から、サークルになって朝の会が始まりました。金曜日の宿題「日本のものを探す」では、カメラが日本製だったという声があり、それぞれ家から、日本の本、扇子、折り紙、のれん、切手などを持参してくれました。

　こちらからは、男ものの浴衣や、下駄を履いて披露しました。また、昔の髪型として、余興用のちょんまげのカツラもかぶってみせました。おかしなカツラには全員大ウケでした。浴衣も下駄も興味深そうに見ていましたが、下駄が非常に興味を惹いていました。

　そして、日本の小学生の1日についてのビデオを視聴しました。初めて見るものばかりで、不思議な感じがしたそうです。たとえば、ランドセル。ドイツではかなり派手な柄物が多い中、日本は質素な、今日ではいろいろな色がありますが、男の子はたいてい黒で女の子は赤と決まってたことや、給食を教室で食べること、制服があったり、体育着が決まっていることなど、「どうして？」という声も聞かれました。

　ビデオ観賞が終わると、折り紙と演奏のグループに分かれ、演奏グループは、エルスナー先生の指導のもと、木曜日の一般公開に備え、「かえるのうた」をいくつかの楽器を使って演奏しました。

　折り紙のグループではチェルヴィック先生が担当し、「ぴょんぴょ

みんなでビデオを観ています。

下駄をはいています。

　んがえる」を作りました。少々複雑でしたが、お互いに助け合い、みんなそれぞれ形よく折れました。できたあとは、かえるを跳ばして遊びました。自分の折ったものがどのようにできあがるか期待もあったせいか、みんなやる気満々で臨んでくれました。実際に、自分で作ったかえるが跳ねた瞬間の感動は大きかったようです。

　幼児クラスではお昼寝があります。寝たくない年長の子ども以外は全員、その日のプロジェクト活動は終了となります。お昼寝前に「何か日本のおはなしを」という要望に応えて、日本の昔話を、金曜日まで1日1話することにしました。初めにあらすじを話し、それから日本語で読み、その後、ドイツ語訳を読みました。

　12時から13時までは、お昼寝をしない園児と小学生4人、およそ6、7人で、午後の学習をしました。五十音の成り立ちや並び方、発音を教え、それぞれ自分の名前をカタカナで練習しました。名前によっては長く難しいものもありましたが、みんながんばって書いていました。

第7章　ドイツ イエナプラン

初めはひらがなで書いてもらおうかと思いましたが、ドイツ名なので、カタカナのほうが簡単で覚えやすいのではないかと考え、カタカナで練習してもらいました。

カタカナは書きやすかったようで、何回か練習するうちに、お手本を見なくても書けるようになっていました。

残念ながら、ひらがなを練習する時間がありませんでしたが、ドイツ語のアルファベット26文字に対し、2種類の文字が50ずつあるのには驚いたようで、「日本人には絶対なれない！」とみんな口々に言っていました。また、「これだけで学校の授業が終わってしまわない？」という質問もされました。「大丈夫よ」と答えても、信じられないというような表情で「日本の子は大変だね」と、日本の児童の苦労に同情していました。

最後に「さようなら」の挨拶をして、第2日目は終了しました。

● プロジェクト第3日目
- 朝のサークルタイム、「おはようございます」を練習。「かえるのうた」を楽器の伴奏とともに合唱。
- 午前、ビデオ観賞。日本の中学校（約20分）。折り紙（とんび・ひこうき）、演奏の練習。
- お昼寝前のおはなし『ねずみのよめいり』。
- 午後、名前を書く練習、数のかぞえかた、数の漢字。朝のサークルタイムで、演奏グループが練習した「かえるのうた」を披露してくれました。

演奏というと、メロディオンやトライアングル、カスタネットなどの楽器を想像していましたが、素朴で小さな木琴や太鼓、各国の民族楽器を使っての演奏でした。耳に心地よい響きで、「かえるのうた」も演出ひとつでずいぶんと変わるものだな、と感心しました。演奏する子どもたちも、自分のパートをしっかり演奏しようと練習に励んで

いろいろな楽器が準備されました。

いました。

　折り紙は、とんび・ひこうきを折りました。幼稚園でも折り紙をするときがあるようで、定番の「つる」などは、すでに知られていました。折り紙について、2日間見てきた中で思ったことは、やはり、日本の子どもたちに比べて、手先の器用さが違うことでした。角と角をぴったり合わせる、まっすぐに折るなどは苦手なようでした。慣れれば、また違うのかもしれませんが、正確に折らせるには少し苦労しました。そして、作って遊べる折り紙が好評でした。跳ぶかえるもそうでしたが、ひこうきは、男の子、女の子ともに大好評でした。

　ビデオ観賞は、日本の中学校についてでした。ビデオ資料は先生方で入手され、どのビデオも制作された時期が少し古いようで今日とは違う部分もありましたが、総合的に見て、あまり変わらないようでした。

　ビデオを観て子どもたちは、日本の学校はとても厳しく、規則もいっぱいあり、勉強ばかりしているような、あまり楽しくない印象を受けていました。内容も、とくに厳しいところにスポットライトが当てられていて、カメラの前で緊張していたのか、生徒がひとつも笑わないのを映し出していたので、そういうイメージを持ったのかもしれま

第7章　ドイツ イエナプラン

漢数字の練習をしています。

せん。

　午後の時間は数を学習しました。1から10まで言えるように練習し、砂を使って、漢字で一から十を学習しました。一から三までは、あっという間に覚えていましたが、四からあとは苦戦していました。午後の授業は少人数なので、午前の授業よりは落ち着いてできる印象がありました。

●プロジェクト第4日目
  ・朝のサークルタイム、日本語であいさつと歌の練習。
  ・午前、日本の地理、武道について、ビデオ観賞『日本の中学生について』（約15分）。
  ・お昼寝前のおはなし『にんじん、ごぼう、だいこん』。
  ・午後、習字（数字の一から十、山、川、木、森、大、小など）。

　地理では、写真や地図を使って日本の景色を見ながら、東京、北海道、沖縄など、細長い日本の特徴を説明しました。

　この日は構成委員の取材があり、市内の武具専門店の方が、空手や武具の説明のほか、空手の型や板割を披露してくれました。子どもたちは見慣れない武具や板割にたいへん興味を示していました。板割で

日本の武道についてのお話を聞く子どもたち。

は、頭で板を割っていたので、子どもたちは頭を抱えて、しきりに痛くないのかと聞いていました。それから、みんなで空手の型を習いました。体を動かすのが気持ちいいのか、みんな声を出してはりきっていました。

　ビデオは、中学生の放課後の様子がドキュメントされたものです。塾に通い、帰りも遅く、その後も夜遅くまで勉強をするという日本の受験事情は理解し難いようでした。また、学校での制服、髪型、持ち物の検査には、驚きというよりは、嫌悪感を持ったようでした。「本当にそうなの？」と聞かれ、自分の経験を話すと、子どもたちは、ただ首を振るばかりでした。制服もなく、髪型や持ち物も自由なドイツの学校では考えられないことばかりです。嫌悪感を示すのも当然かもしれません。

　午後の学習では、習字に取り組みました。筆で書く感触がよいのか、硬筆で書くよりずっと楽しんでいました。道具がそろわなかったので絵画用の筆と墨でしたが、鉛筆や万年筆（ドイツの学校では万年筆を使います）で書く文字とは違った文字の表現ができるのを体験し、とても気に入ったようでした。また、漢字の成り立ちにも関心を持ち、山や木、森などは遊び感覚で覚えていました。さらに、自分の好きなもの

第7章　ドイツ　イエナプラン

みんなで空手の練習をしました。

習字の練習で「山」を書きました。

をどう漢字で書くのか興味を示し、書けるよう練習していました。

●プロジェクト第5日目
　・朝のサークルタイム、「かえるのうた」の練習。
　・二つのグループに分かれ、演奏の練習と日本食を作る。
　・お昼寝前のおはなし『一休さん』。
　・午後、ファイル、一般公開用のフォトフレーム作り。
　・一般公開。体育館で「かえるのうた」を発表。

二つのグループに分かれ、一つのグループでは日本食を作りました。日本の家庭でよく作られるものがいいと思い、おにぎりとお味噌汁を作りました。まず、どういったものを作るか説明しましたが、日本食になじみがないせいか、想像しにくかったようです。
　お米を研ぐところから始まったのですが、お米を洗うことがめずらしかったようです。お味噌汁には、かつお節やわかめなど海のものを入れました。見慣れないものばかりとあって、奇妙な顔つきをしていました。調理自体は、みんな楽しく意欲的に取り組んでくれましたが、いざ試食となると抵抗があるのか、口に運ぶのは不安そうでした。味はなかなかだったと思います。
　演奏は、エルスナー先生が担当し、一般公開に備えて練習をしました。
　おはなしは、『一休さん』を読みました。今まで読んだ中でも一番楽しんでもらえたようです。窮地を持ち前のとんちで切り抜けるユーモアあふれた一休さんは、意外性があっておもしろかったと楽しんでもらえました。
　午後5時からの一般公開では、「かえるのうた」を発表しました。練習の時と少し違って緊張したのか、いつもよりは声が小さかったのですが立派に歌ってくれました。
　他のグループの発表では、「インド」のプロジェクトグループは民族衣装を纏って踊り、「SAMURAI（侍）」をテーマにしたグループは竹刀で殺陣を披露しました。また「外国のうた」では他国の歌をその国の言葉で歌ったり、ダンスグループは派手な衣装を身に着け「マンマ・ミーア」を踊りました。
　興味深かったのは、カホン*の演奏です。生徒が期間中に自分で作ったカホンを使っての演奏は、とても素晴らしいものでした。

*カホン（Cajón）はキューバ、ペルー発祥の木製の箱型の打楽器の一種。股にはさんで演奏される。

第7章 ドイツ イエナプラン

他国の歌のコーラス

マンマ・ミーア

インド舞踊

プロジェクトグループ「SAMURAI」

カホンの演奏

会場の様子

　また、ほぼ毎年恒例となっている構成委員会での自作ビデオも放映されました。毎年、その趣向は委員によって違いますが、2010年は各プロジェクトグループを取材し、その活動の様子を撮ったり、インタビューをして、ハイライトをまとめ、さらに自作のコントを交えると

みんなで日本のお料理を作りました。

いう非常に完成度の高いユニークなフィルムでした。そしてフィナーレを飾ったのはプロジェクトテーマ「中国」のグループで、生徒自作の龍を会場中央から走らせ、場を盛り上げていました。

　発表は素晴らしいもので、楽しく、興味深いものがたくさんでした。とくに注目すべきは、どれも短期間で仕上げたとは思えないほどのできばえであることです。もちろんそれは、体育館での発表だけではなく、教室での展示品などについても同じことがいえます。

　体育館でのオープニングが一通り終わると、それぞれ見たい教室に移動します。展示品や発表などがありますが、2010年は「多文化」がテーマだったので、国がテーマのプロジェクトグループでは、その国のちょっとしたお菓子や郷土料理を自分たちで作って試食をしてもらったり、販売したりしていました。

　プロジェクト「JAPAN」では、教室内に今まで作った折り紙や習字の作品、学習したものをまとめたファイル、写真などを展示しました。その際、日本のお菓子も持ち寄り、子どもたちとつくったおにぎり、お味噌汁も提供しました。どれもおいしく喜んでもらえました。

　見学者はさまざまで、子どもには折り紙を教えたり、大人の見学者にはプロジェクト内容の過程や日本の文化について話したりと、たく

第7章　ドイツ イエナプラン

各グループの紹介プラカード

子どもたちの作品

さんの人がプロジェクト「JAPAN」に足を運んでくれ、とても賑わいました。園内は家庭的な雰囲気が漂い、始終なごやかで、とても楽しいひとときでした。

フィナーレの龍

●プロジェクト最終日
・朝のサークルタイム、「かえるのうた」の合唱。
・午前、おはなし「十二支のおはなし」。日本のビデオ観賞。沖縄音楽に合わせて踊る。
・10時から体育館で発表と表彰式。
・終わりの会。

最終日は午前までだったので、おはなしはお昼寝前ではなく、朝のサークルタイムの後、すぐに読みました。十二支のお話だったので、生まれた年の干支を教え、グループを作り、自分たちの干支がどのように決まったかを一喜一憂しながら聞いていました。そして、なぜ、イヌがいるのにネコがいないか、なぜネコがネズミを追いかけるようになったのかのおちには関心の声があがりました。自分が何の干支かを初めて知った子がほとんどで、お話の最中には、自分たちが競争をしているように感じたのか少し興奮気味に聞いていました。

少しだけですが、プライベートで撮った日本のビデオを観賞しました。息子の七五三、地元の夏祭りなどですが、夏祭りで子どもたちが日本太鼓を打つ様子はたいへん興味をひいていました。お囃子に合わせて、順繰りに子どもたちが太鼓を違えながらたたく姿、お囃子や太

第7章 ドイツ イエナプラン

沖縄の音楽に合わせて踊る子どもたち。

鼓のリズムにとらわれたかのように、身動きもせずに見入っていました。

その後は、体育館での発表が始まる前に、沖縄の音楽に合わせて踊りました。明るくリズムのよい曲に、みんな元気よく踊ってくれました。

体育館での発表は、前日の発表よりプログラムが少なくなり、そのかわり、貢献してくれた生徒の表彰や、指導してくださった先生や関係者に謝辞を贈ったりと、およそ1時間程度で終わりました。

終わりの会は、エルスナー先生が今まで学習したこと、感想などを簡単に述べてくれた後、私から子どもたちへ、プロジェクト週間の思い出にと、折り紙で折った花とひこうきをプレゼントしました。みんなとても喜んでくれて、一人ひとりお礼を直接言ってくれたのにはとても感動しました。そして、この会をもって1週間のプロジェクト週間は幕を閉じました。

プロジェクト週間に初めて参加した個人的な感想は、子どもたちの物事に積極的に取り組む姿に感心させられたことです。あまり緊迫した感じはなく、プロジェクト週間という特有の雰囲気もあってか、教員を含め生徒たちもみんなゆったりと楽しんでおり、協力者としても

参加しやすく、非常に快活な明るい印象がありました。
　通常、学年差があるクラスで学んでいるのですが、プロジェクト週間ではさらに差が大きくなります。そんなグループでうまくいくのか、本当に機能するのか疑問がありましたが、始まってみると、年齢が上の子は、すでに自分の役割を把握していて、できる子は小さい子を手助けしたり、小さい子は自分なりにできることをやろうと試みるので、その疑問も初期に打ち消されました。しかし、学問的な内容になると、幼稚園児と小学生には学習能力や集中力に明らかな差がありました。
　園児が楽しいと思うことが、必ずしも小学生も楽しいというわけではなく、またその逆もあり、共通に楽しめるものを提供しなくてはならない午前の部には苦労しました。
　午後のグループは、6歳から9歳までの児童が学習しました。取得する能力にはそれぞれ個人差もありますが、ある程度年齢も一定なので、学習内容もより濃く、少人数ということもあり、かなり集中してできたと思います。
　そんな小さなグループでも、できる子は、ほかの遅れている子を助け、その場合、必ずしも年齢の上の児童が、年齢の低い児童に教えるだけではなく、年齢に関係なく協力し合って課題に挑んでいました。このような姿勢を当然のことのように受け入れられるのは、縦割りクラス（マルチエイジング）で、共同生活をコンセプトとしたイエナプラン教育の特徴の一つではないかと思います。とくにプロジェクト週間では、チームの年齢差が通常の授業より大きくなります。そんなとき、どう振る舞うか、どのように適合したらいいかなど、より混ざり合った共同生活を学ぶよい機会だと思います。
　プロジェクト活動が始まる前は、うまくいくかどうか、サポートとしての役割をきちんとできるかなど不安がたくさんでした。そして、一番は、もし児童が喜んでくれなかったら？、という気持ちがプレッシャーにもなりました。そんな中、2人の先生が病欠するという予期

第 7 章　ドイツ イエナプラン

せぬ事態もあり、ますます不安は募りました。しかし、プロジェクト「JAPAN」に参加した児童の保護者から、毎日、子どもが家に帰って来ると「今日はこんなことをしたんだよ」と習ったことを楽しく話していたということを聞いて、ほっと胸をなでおろしました。それと同時に、本当にやってよかった、という思いが込み上げました。それだけではなく、子どもたちの驚いた顔や喜んだ顔、うれしそうに笑った顔を見ることができたことは、この期間中、一番の収穫だったと思います。

　　　　　　　（報告：テューリンゲン州イエナ在住、リートケ瑞恵）

あとがき

● ● ●

1、ピラミーデ（オランダのアクティブ・ラーニング）

　2014年11月6日（土曜日）、ピラミーデの最終講座は「プロジェクト」でした。研究所の小さな部屋に40名の参加者が座られました。互いに肩が触れ合うような間隔で、ノート筆記をしておられました。今回は、5時間の講義のために東京から2名の先生が参加されました。「辻井さん、この頃は随分と人が集まるようになりましたね」、と2年前から講座に顔を出してくださっている先生の言葉です。最初の頃は参加者も数人なんていうこともありましたが、その中のお一人でした。
　参加者の先生方の中には、ピラミーデのことをご存知ない先生もあり、講座の中で、ビデオで記録されたピラミーデ幼児教育法の開発者ジェフ・フォン・カルク博士と辻井の対談を上映しました。
　ピラミーデは、世界で一番幸せな子どもたちと呼ばれる、オランダの幼児教育法の一つです。小学校に行くまでに、子どもたちが身につけなければいけない基礎的な学習スキルを、一人ひとりの個別の発達に合わせてプログラムが進められます。明治以来100年にわたる一斉保育（教育）に慣れてきた私たち日本人には、一人ひとりの発達のニーズに合わせて必要なヒントを与え、他の子どもと共同して、事物と直接に触れ合う喜びを学ばせる、体験型幼児教育は新鮮な感覚を与えて

2003年5月、オランダ・エデ市 Hotel De Wereld にて行われたピラミーデ導入の調印式。左からカルク博士、ローダ Cito 最高責任者、辻井正。

くれます。日本に導入されたのは、ヨーロッパで最も権威のある教育評価（テスト）機関であった旧オランダ王立教育評価機構（Cito シト）が1999年に民営化されると同時に、アメリカ、ドイツにプログラムが伝えられました。2001年度に辻井正（NPO法人国際臨床保育研究所所長）が、Cito からピラミーデ講義資格者として、メソッドの開発者ジェフ・フォン・カルクから2年間にわたり講義を受け、2003年、Cito と日本導入の正式調印を行いました。

2、ピラミーデ（旧名ピラミッド・メソッド）の日本への導入の話

辻井が初めてピラミーデ（旧名ピラミッド・メソッド）の講義を受けたのは、1999年、オランダのアムステルダム駅前、ヴィクトリアホテルの喫茶室でした。ジェフ（ピラミーデ開発者ジェフ・フォン・カルク博士）が大量の論文や資料を見せながら、熱を込めて語るのを黙って聞くだけでした。同席してくれたのは友人のデック（当時のモンテッソーリ教具会社社長）でした。半日かけて話してくれたジェフの説明は、幅広い心理学理論を駆使した話だけに、時間を忘れて聞き入りました。彼

あとがき

最初の翻訳版

の講義には日本では紹介されていない心理学や教育理論が含まれていて、私には非常に興味深いものでした。彼は、現代社会に生きる子どもを理解し、導いていくことがますます難しくなってきた時代、新しい理論とメソッド（実践方法）が必要だ、そのためには従来の子どものための教育学・心理学の主流である「ピアジェとヴィゴツキーのバランスのとれた理論」を構築しなければいけないと強調されました。それらの言葉はいまだに記憶しています。21世紀の教育・心理学は生態学的心理学理論で、従来の静的で並列的な思考ではグローバリゼーション化する社会を捉えられないといいました。

　ジェフ（互いにジェフ、タダシと呼び合うようになりました）の私への個人的なレクチャーは、Cito 研究室、ニーホイス（モンテッソーリ教具会社）会議室、そして数回の彼の自宅での勉強会と続きました。それと並行してピラミーデの普及版の日本語への翻訳作業を進めていましたが、ピラミーデを構築する理論的枠組みや学問的な内容は理解できたのですが、私の気持ちの中ですっきりしないもやもやとした気持ちが数年続きました。

　それは、彼が語る論理的な考え方、特に保育論となると、理解はで

107

ジェフと辻井正

きても素直になれない抵抗感に近いものでした。彼は根っからの西洋思想に固まった教育心理学者で、私は骨の芯まで日本的な考え方で育ち、西欧の思想や教育学は学んでいましたが、所詮書物から身につけた考え方であり、生まれて初めてヨーロッパ生活（ドイツ）を体験したのも26歳でした。生身のジェフとの出会いは、ピラミーデの理論や実践論と同時に、私とは全く異なった人生観や趣味（彫像作家）、生活習慣（年齢は私より2つ年下）の持ち主でした。

　ピラミーデの日本への導入10年の時間が過ぎ、日本的保育の土壌に根づかせる困難さをますます痛感していますが、「認定こども園」施行に伴い、保育と教育が一体化されたピラミーデへの関心が広がってきたことは確かです。また、ドイツでは伝統的な幼稚園が1歳児からの入園（2013年8月より）を始めるとともに、KITA（全日制保育園）に多額の予算が投入される中で、ピラミーデのカリキュラムが普及しています。

　さらに、アメリカのジョージア州立大学が、ピラミーデは幼児の言語能力と認識力に有効であるという検証から、ジョージア州の幼児教育法としてピラミーデを取り入れ始めました。

　ピラミーデの歴史は、オランダ政府が"落ちこぼれへの抵抗"の一

あとがき

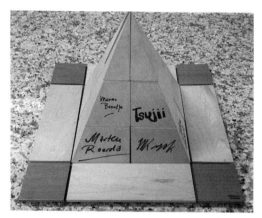

日本へのピラミーデ導入記念として、カルク博士、ローダ Cito 最高責任者、ボネットピラミーデ国際部長、辻井正が交互にサインをしました。

環として、当時は、国立の教育機関であった Cito（シト）に多大な教育予算を与え、質的に高い幼児教育法の開発を計画したものでした。この中心人物がジェフ・フォン・カルク博士で、彼を中心に教育学・心理学博士号や准博士号の学位所有者が集められ、ピラミーデの基礎石であるプロジェクトブックが完成しました。

現在、日本語圏におけるピラミーデ教育法に関わる講義、著作権、名称使用権（商標登記認可）は、日本ピラミーデセンターが所有しています。

最後になりますが、方丈堂出版（オクターブ）の上別府茂編集長の助けには深く感謝しています。

（注：ピラミーデはもともと「ピラミッド・メソッド」と呼ばれ、日本での翻訳にも「ピラミッド・メソッド」を使用してきましたが、オランダ Cito、ドイツ Cito、アメリカ Cito、そして日本（NPO 法人国際臨床保育研究所）の話し合いの結果、国際名称を、オランダ語のピラミッドを意味する「Piramide（ピラミーデ）」を使用することになりました。）

参考文献

1、フォン・カルク『プロジェクト幼児教育法』オクターブ、2013年。
2、『ジョージア州立大学検証報告』USA Cito。
3、『Invest in early James J. Heckman childhood derelopment』2012年。
4、堤 未果『ルポ貧困大国アメリカ』岩波新書、2008年。
5、『Theoriyschem Piramide』Jef J. van Kuyk、2010年。
6、『Why education of young children』Jef J. van Kuyk、来日時講演資料。
7、『Teaching in 21st century』Jef J. van Kuyk、来日時講演資料。
8、The Pyramid method「Education method for 3 to 6-years-old children」Cito Arnhem September, 2010.
9、マックス・ベルジュイス作、清水奈緒子訳『すごいぞ かえるくん』セーラ出版、1996年。
10、柏木恵子『子どもが育つ条件』岩波新書、2008年。
11、橘 玲『日本人』幻冬舎文庫、2012年。
12、紺野 登『幸せな小国オランダの智慧』PHP新書、2012年。
13、工藤 哲・西田亮介『無業社会』朝日新聞出版、2014年。
14、小林昭文『アクティブ・ラーニング入門』産業能率大学出版部、2015年。
15、溝上慎一『アクティブ・ラーニングと教授学習パラダイムの転換』東信堂、2014年。
16、リヒテルズ直子『オランダの個別教育はなぜ成功したのか』平凡社、2006年。
17、宮本みち子『若者が無縁化する』ちくま新書、2012年。
18、石川一喜・小貫 仁『教育ファシリテーターになろう！』弘文堂、2015年。

(注) 第6章と第7章は貴重な実践資料ゆえに『プロジェクト幼児教育法』より採録しています。

辻井　正（つじい　ただし）
・1940年、奈良県生まれ。
・関西学院大学文学部大学院修士課程修了。
高校教師を経て、ドイツ障害者の町「ベテル」にて、てんかん性発作のある少年の家（カペルナウム）看護助手として勤務。勤務の傍らに看護コース（夜間部）の訓練を受ける（1年6ヶ月）。
・帰国後、大阪赤十字病院(大阪大手前肢体不自由児施設)にて病棟勤務指導員（4年間）。
・その後、ドイツケルン大学 Vojta（ボイタ）法訓練コース受講のために渡独。
・帰国後、知的障害児通施設「生野子どもの家」園長代理として勤務（5年間）。
・これまでの経験を生かして、当時多くの保護者が求めていた乳幼児障害児のための「おもちゃライブラリー」を大阪に設立し開設する（7年間）。
・アサヒ子ども相談（朝日新聞社厚生文化事業団）カウンセラー。
・ＮＰＯ法人国際臨床保育研究所　所長。
・2016年12月、死去。

幸せの小国オランダの子どもが学ぶ　アクティブ・ラーニング　プロジェクト法
〜自ら考える生きる力の基礎を身につける〜

二〇一七年三月一〇日　初版第一刷発行
二〇一八年五月三〇日　初版第二刷発行

著　者　辻井　正
発行者　光本　稔
発　行　株式会社　オクターブ
　　　　京都市左京区一乗寺松原町三一-二
　　　　郵便番号　六〇六-八一五六
　　　　電話　〇七五-七〇八-七一六八
印刷・製本　亜細亜印刷株式会社
編集協力　勝山結夢

©T. Tsujii 2018
ISBN978-4-89231-160-4
乱丁・落丁の場合はお取り替え致します

Printed in Japan